왜적의 진격로에서 비껴난 후방지역 전라남도 영광에서의 기록
1592년 4월 13일부터 1594년 1월 3일까지의 전란일기

선양정 진사일기
善養亭 辰巳日記

丁希孟 원저·申海鎭 역주

보고사
BOGOSA

머리말

　이 책은 선양정(善養亭) 정희맹(丁希孟, 1536~1596)이 임진왜란 때 전라남도 영광(靈光)에서 겪은 것들을 기록한 일기를 번역한 것이다. 그의 문집 《선양정문집(善養亭文集)》 권3 〈잡저(雜著)〉에 '일기'로만 되어 있으나, 임진년(1592) 4월 13일부터 갑오년(1594) 1월 3일까지 기록된 것을 감안하여 '선양정 진사일기(善養亭辰巳日記)'로 역주자가 명명한 것이다.

　《선양정문집》은 임육(任燠, 1736~?)이 나주목사였던 1797년 당시 지은 정희맹의 〈행장(行狀)〉을 따르면, 시문(詩文) 15권을 남겼으나 병자호란 때 대부분 산실되고 시부(詩賦)와 일기 몇 권만이 겨우 남아 가장(家藏)되어 오던 것을 근간으로 엮은 것이다.

　우선, 증손자 정계(丁桂, 1638~1717, 丁釴의 손자)가 함평이씨 이옥(李玉)의 증손 이익형(李益馨, 1626~1699)에게 선양정유고(善養亭遺稿)의 서문을 받아두었고, 유최기(俞㝡基, 1689~1768)가 1746년 11월 20일 영광군수로 좌천되어 왔다가 그 선양정유고를 읽고 1747년 10월 하순에 쓴 발(跋)을 정희맹의 후손 가운데 알 수 없는 누군가 의뢰하여 받아두었겠지만, 유고를 간행한 기록은 없다.

　다음, 정희맹의 8대손 정운로(丁雲老, 1766~1819, 丁鍵의 7세손)가

가장(家狀) 초고를 마련해 행장을 1797년 임육으로부터 받았으며, 묘지명(墓誌銘)을 사헌부지평이었던 김수조(金壽祖)로부터 1801년 받았으나 지금은 전하지 않는다. 또한 묘갈명(墓碣銘)을 1803년에 우찬성 송환기(宋煥箕, 1728~1807)로부터 받고 1804년 그의 교정(校正)과 편차(編次)를 받아 정리해 두었다. 이 정리본이 초간본으로 1875년 간행되었고, 이를 이 책에서는 저본으로 삼았다.

끝으로, 정희맹의 11대손 정영두(丁永斗, 1873~1952, 丁鍵의 10세손)가 송병선(宋秉璿, 1836~1905)의 서문을 1905년에 받고 정희맹의 차남 정건(丁鍵, 1565~1618)의 문집《성경재집(誠敬齋集)》과 함께 1905년에 4권 2책을 목활자로 인행하기도 하였다.

한편, 그 이전에 이미 선양정유고의 '진사일기' 일부분이 별도의 서적으로 개간(開刊)되기도 하였다. 《승정원일기》영조(英祖) 29년(1753) 9월 19일과 10월 3일에 의하면, 한광회(韓光會, 1715~?)가 호남어사(湖南御史)로서 호남의 여러 고을을 감찰하고 돌아간 일을 확인할 수 있는데, 이때 영광의 수성 유적을 살펴본 것으로 보인다. 이에, 임진왜란 때 창의한 55인의 후손들이 《수성록(守城錄)》(壬辰守城錄)이란 이름으로 1753년에 엮어 봉정사(현 전라남도 장성군 삼계면 소재)에서 간행한 것이다. 곧, '선양정 진사일기'의 1592년 10월 18일조에 기록된 명첩(名牒)과 수성법(守城法)을 근간으로 삼은 것이다. 간행에 있어서 수정도유사(修正都有司)는 정치형(丁致亨, 1693~1760, 丁希說의 5대손)·이수형(李洙馨)·이사윤(李師尹), 인출 유사(印出有司)는 류한철

(柳漢哲)·송지경(宋之璟)·이사탁(李師鐸)·이응엽(李應曄)·이사함(李師咸)·이정규(李廷圭)·강주옥(姜柱玉)·강이철(姜爾徹)·오진일(吳震一)·김종(金琮)·이복원(李馥遠)·이시걸(李時杰)·이종식(李宗植)·정명욱(丁命煜)·이유진(李裕鎭)·이원규(李元規) 등이 참여한바 그 후손이었다. 그런데 선양정의 연보에 의하면 서문은 유최기로부터 발문은 원경하로부터 받은 것으로 되어 있으나, 『영광 임진 수성록(靈光壬辰守城錄)』에는 원경하의 발문이 보이지 않고 그 대신 이의규(李義圭)의 후기가 수록되어 있다. 이 문헌은 오늘날 '전라남도 문화재자료 제201호'로 지정되어 『영광향토문화사료』제18집(오성창의기념사업회·영광문화원, 1998)에 소개되어 있다.

'선양정 진사일기'는 임진왜란의 같은 시기에 전란을 겪은 것을 기록한 일기인데도 김해(金垓) 의병장의 활동을 기록한《향병일기(鄕兵日記)》와 선산부사 정경달(丁景達)의 관군이 치른 육전(陸戰)을 기록한《반곡난중일기(盤谷亂中日記)》와는 달리 의병이든 관군이든 왜군과의 전투 장면이 전혀 없다. 물론 전라남도 영광(靈光)이 위치하고 있는 지리적 특성과 이순신의 제해권 장악에 따라 왜적의 직접적인 침입이 없었기 때문이리라. 그래서 주로 의병(義兵)을 모집하고 의곡(義穀)을 모아 각 의병진에 보내었으며, 해상을 통해 의주(義州)의 행재소까지 운송되기도 하였다. 이러한 활동은 영광에 있던 향교의 유림들을 중심으로 이루어졌다. 그 중에서도 핵심적인 인물이 정희맹이다. 약 20개월 동안, 그가 영광성에서 생활한 과정을 비롯하여 전라도 의병의 다른 지역 활동 상황, 조정의 대처, 헛소문에 놀라는 민심, 의병의 모병 및 군량미의 조달 과정, 혈육들의 처참한 피난 과정 및 죽음 그리고 의병에 참여했다가 서증(暑症)에 따른 귀가, 전쟁 속에서 제사와 차례 지내는 모습 등과 함께 그 자신이 의병으로 나서서 성을 지키며 겪은 여러 가지 일들이 기술되어 있는 것이 바로 '선양정 진사일기'이다. 흥미로운 것은 이 시기에 단력(單曆)이 보이는바, 1960년대에 흔히 볼 수 있었던 달력이 아닌가 한다. 12달이 한 장의 종이에 쓰인 달력이었다.

특히, 당시 영광군수 남궁 견(南宮涀)이 모친상을 당하여 자리를 비우게 되자, 1592년 10월 18일부터 1593년 2월 28일 남궁 견이 복직하여 수성(守城) 의병을 해산하기까지 약 5개월 동안의 기록이 주목된다. 향교의 유림들을 중심으로 영광성을 지키기 위해 수성 조직을 치밀하게 구성하여 읍성 방위에 철저히 대비하면서 민심의 동요를 막았던 것이다. 도별장(都別將)을 중심으로 한 편제의 명칭들을 보면 24개의 부서로 된 방위조직의 짜임새가 빈틈없었던 바, 읍성 주위에 군사들을 배치하면서도 남문과 북문을 수비하는데 좀 더 집중적으로 강화하여 수문장(守門將)을 두었고 또한 유군장(遊軍將: 기동타격대장)까지 두었다. 이른바 수성명첩(守城名帖)과 수성법(守城法)을 통해 알 수 있다.

'수성명첩'은 동맹결의였음을 보여주는 것이라 할 수 있는데, '동맹'은 목적을 위하여 동일하게 행동하기로 맹세하여 맺는 약속이니 더구나 전쟁 통에 쉽사리 이루어질 수 있는 것이 아닐 터이다. 그렇다면 난리 속에서도 쉽게 하나로 결속되었던 요인이 있었을 것인바, 이 책에서는 그 결속의 네트워크가 압해정씨(押海丁氏: 영광정씨) 집안의 혼맥(婚脈)일 것으로 짐작하였다. 각 인물의 혼인관계를 집중적으로 살핀 결과는 몇 사람만 제외하고 대부분 상당성이 있었으니, 한번 살펴보기 바란다.

'선양정 진사일기'나 《수성록》에 기록된 '수성법(守城法)'은 송(宋)나라 증공량(曾公亮)의 《무경총요(武經總要)》〈수성(守城)〉편에 나오는 것을 한 글자도 어긋남이 없이 그대로 옮겨 놓은 것으로 독자적인 창안이 아니다. 그것에 근거하여 방위태세를 구축한 것이 의미가 있지, 마치 새로운 수성법을 마련한 양 평가하는 것은 옳지 않으리라 본다.

선양정 정희맹에 대해 알 수 있도록 임요(任熇)의 〈행장〉을 번역하여 부록으로, 선양정문집의 성격을 파악할 수 있도록 유최기(俞最基)의 〈발문〉을 번역하여 참고자료로 덧붙였다. 부수적으로 수성록과 관련하여 유최기의 〈서문〉과 원경하(元景夏)의 〈발문〉을 번역해 첨부하면서 이의규(李義圭)의 〈후기〉도 번역된 글을 보탰다. 이런 것들이 저자 및 문헌 전승과정을 이해하는데 기여하기를 바라 마지않는다.

이 책을 통해서 임진왜란 당시 향토방위 사례를 구체적으로 전해주는 전란일기의 실상을 보여주고, 또 전란 속의 동맹결의가 이

루어질 수 있었던 요인을 파악하고자 애썼다. 그 길목에서 압해정
씨 대종회 정기환 사무처장, 광산이씨 이남진 대종회 회장, 상산김
씨 김경수 전북지회 고문 등 여러분들의 도움을 받았는바, 각별히
감사의 인사를 전한다. 그리고 편집을 맡아 수고해 주신 보고사
가족들의 노고에 심심한 고마움을 표한다.

한결같이 하는 말이지만 나름대로 최선을 다하고자 했다. 그러
나 여전히 부족할 터이라 대방가의 질정을 청한다.

2020년 9월 빛고을 용봉골에서
무등산을 바라보며 신해진

차례

일러두기

이 책은 다음과 같은 요령으로 엮었다.

01. 번역은 직역을 원칙으로 하되, 가급적 원전의 뜻을 해치지 않는 범위 내에서 호흡을 간결하게 하고, 더러는 의역을 통해 자연스럽게 풀고자 했다.

02. 원문은 저본을 충실히 옮기는 것을 위주로 하였으나, 활자로 옮길 수 없는 古體字는 今體字로 바꾸었다.

03. 원문표기는 띄어쓰기를 하고 句讀를 달되, 그 구두에는 쉼표(,), 마침표(.), 느낌표(!), 의문표(?), 홑따옴표(' '), 겹따옴표(" "), 가운데점(·) 등을 사용했다.

04. 주석은 원문에 번호를 붙이고 하단에 각주함을 원칙으로 했다. 독자들이 사전을 찾지 않고도 읽을 수 있도록 비교적 상세한 註를 달았다.

05. 주석 작업을 하면서 많은 문헌과 자료들을 참고하였으나 지면관계상 일일이 밝히지 않음을 양해바라며, 관계된 기관과 여러분들께 진심으로 감사드린다.

06. 이 책에 사용한 주요 부호는 다음과 같다.
    1) (   ) : 同音同義 한자를 표기함.
    2) [   ] : 異音同義, 出典, 교정 등을 표기함.
    3) "   " : 직접적인 대화를 나타냄.
    4) '   ' : 간단한 인용이나 재인용, 또는 강조나 간접화법을 나타냄.
    5) 〈   〉 : 편명, 작품명, 누락 부분의 보충 등을 나타냄.
    6) 「   」 : 시, 제문, 서간, 관문, 논문명 등을 나타냄.
    7) 《   》 : 문집, 작품집 등을 나타냄.
    8) 『   』 : 단행본, 논문집 등을 나타냄.

선양정 진사일기

善養亭 辰巳日記

임진년(1592)[1]

13일。

왜선 400여 척이 부산포에 와서 정박하고 동래부(東萊府)까지 진격하였다. 동래 부사 송상현(宋象賢)이 출병하여 힘껏 싸웠으나 이기지 못하고 죽었다. 그 후로 왜적은 양산(梁山)·울산(蔚山)·밀양(密陽) 등 여러 성을 연달아 함락하고 승승장구하여 깊숙이 영동(永同)·황간(黃澗)까지 쳐들어와서 곧바로 경성(京城)을 향하였다. 그리고 큰길과 인접한 여러 고을들이 흙이 붕괴되고 기와가 깨지며 여지없이 무너지는데, 그것을 막는 자가 한 사람도 없어서 살아 있는 백성들이 죽임을 당해 그 수를 알지 못하니 안팎의 인심이 흉흉하여 어찌할 바를 몰랐다. 아아, 이 지경에 이르게 한 자가 누구인가?

---

1 협주: 만력(萬曆) 20년이자, 선조(宣祖) 25년이다.

▌5월

1일。

듣자니 왜적이 조령(鳥嶺)을 넘어 청홍도(淸洪道)로 들어가 점차 경성(京城)에 육박했다고 하였다. 이에, 전라도 순찰사 이광(李洸)이 장차 대군을 일으켜 서쪽으로 북상하려 했는데, 정경(丁鏡: 정희맹의 맏아들)이 교생(校生)[1]이었지만 뽑혀서 가게 되자 통곡할 뿐 차마 말 도 나오지 않았으나 끝내 위로하며 타일렀다.

"온 하늘 아래가 왕의 땅 아닌 곳이 없으며 온 땅의 물가에 이르 기까지 왕의 신하 아닌 자가 없다 하였으니, 너는 비록 변변치 못한 사람이기는 하지만 또한 조종조(祖宗朝: 왕의 선대)가 남긴 백성이다. 나라가 어지러운 이때를 당해서 어찌 몸을 지키고자 도망쳐 살려고 하여 우리의 종묘사직을 잊어서야 되겠느냐? 모진 바람에 꿋꿋한 풀도 이때를 가히 알 수 있을지니, 너는 부모를 염려하여 구차히 모면하는 것을 다행으로 여기지 말고 죽는 것을 집으로 돌아가는 것과 같이 여겨 조금도 두려워하지 않아서 나라에 큰 절개를 세운 다면 이것이야말로 신하된 자의 도리이다."

지금 방방곡곡마다 울음소리가 하늘을 울렸으니, 이것은 두공부 (杜工部: 두보)가 말했던 '어버이와 아내 자식들이 뒤쫓아 내달리며 전송하느라 통곡하는 소리가 곧바로 올라가 하늘을 찔렀다.'고 한

---

1 협주: 지금으로는 학생이다.

것이리라.

5일。

전라도 방백(方伯)이 북상하다가 공주(公州)에서 도리어 되돌아왔고 대군(大軍)도 또한 아무런 이유 없이 돌려보내어 정경(丁鏡)이 다시 집으로 들어왔다. 방백이 회군한 사실에 대해 사람들은 그 이유를 알지 못했다. 오늘 듣자니 주상께서 비빈(妃嬪)과 백관들을 거느리고 개성부(開城府)로 피란하였으며 장차 평양(平壤)으로 향할 것이라 하였다. 비통히 울고 애통하게 울었는데, 이것은 백거이(白居易)가 말했던 '구중궁궐에 연기와 먼지가 솟아오르니 수많은 수레와 병사들이 서남으로 피난 가는 것이었다.'고 한 것이리라.

16일。

또 순찰사(巡察使: 이광)가 정예병을 뽑도록 하였으니, 아 헛되이 늙고 나면 비록 분개한들 어찌하리오. 듣자니 도원수(都元帥) 김명원(金命元)이 왜적의 머리를 320여 급(級)을 참획하였다고 한다. 정녕 그러한 것인가? 그러했다면 하늘이 우리를 도와주는 것을 알 수 있겠다. 다만 군사들이 대부분 도망했다고 한다. 이로써 헤아리건대 민심은 이미 잃었으니, 그 종말이 어떻게 될지를 알지 못하여 근심과 울분이 쌓여 병이 되었다.

22일。

아군이 승승장구 추격하니, 왜적이 굶주리어 고달프면서도 장차 임진강(臨津江)[2]을 건너려고 한다는 소식을 들었다. 도원수(都元帥) 김명원(金命元)이 5,000명을, 개성 유수(開城留守) 홍인서(洪仁瑞: 洪仁恕의 오기)가 7,000명을, 함경 감사(咸鏡監司) 류영립(柳永立)·남도 병사(南道兵使: 함경남도 병사) 이혼(李渾)이 정예군 10,000여 명을, 평안 감사(平安監司) 송언신(宋言愼)·병사(兵使: 평안도 병사) 이윤덕(李潤德)이 날랜 기병 10,000여 명을, 황해 감사(黃海監司) 조인득(趙仁得)이 정예병 9,000명을 거느리고 와서 모이고 사변에 대비하기로 약속하였다. 왜적이 과연 임진강 가에 배도 없이 이르러서는 밤에 인가를 철거해 뗏목을 만들어 건너려고 하였다. 이때 오부(五部: 한성부)의 병사들이 협력해 공격하여 대파하였는데, 왜적 300여 명을 참수하고 크게 함성을 지르면서 북 치고 나팔 불며 곧장 임진강 가로 들어가자 강 물결이 세찬데다 왜적이 방향을 돌려 달려들어 건너와서 강기슭 바위에 부딪쳐 물에 빠져 떠내려 간 자의 수를 알지 못하였으며, 창에 찔리고 칼에 베인 자 역시 많았다. 왜적은 도리어 경성(京城)으로 달려들었으나 성문이 죄다 닫혀 있었다. 강원도 군사, 경기의 좌도 군사와 우도 군사, 충청도 군사 등 수만 명이 마침 도착하고 의병들도 또한 계속 이르러 합세해 성을 포위

---

2 협주: 파주(坡州)에 있다.

하여서 왜적이 굶주려 죽기만을 기다린다고 하였다.

또 듣자니 왜적의 무리가 황간(黃澗)에 머물러 진을 치고서 낮에는 산에 오르고 밤에는 인가에 내려와 묵으며 살육과 약탈이 무수히 하여 충청 방어사(忠淸防禦使: 李沃)가 칼을 잘 다루고 활을 잘 쏘는 자를 요로에 잠복시켜서 적괴(賊魁) 7,8명을 사살하자, 왜적들이 일시에 흩어져 달아났다고 한다.

또 듣자니 전라도 수사(水使) 이순신(李舜臣)이 각각의 진(鎭)에 있던 병선을 거느리고 노량(露梁) 앞바다에서 싸웠는데 화공으로 적선 40여 척을 깨트리고 사살한 자가 무수했다고 한다.

또 듣자니 경상 우수사(慶尙右水使: 元均) 또한 대승을 거두자 왜적들이 허둥지둥 달아나다가 전라 방어사(全羅防禦使: 郭嶸)에 의해 패해서 감히 서해(西海)를 넘보지 못하였고, 또 왜적의 마철(馬鐵)로 된 광대투구(廣大頭口) 등을 많이 획득하였다고 한다.

정말 그러한 것인가? 전하여 듣는 것을 어찌 모두 믿을 수 있겠는가? 이날 영광 군수(靈光郡守) 남궁 견(南宮涀)이 관아에 이르러 도망간 군사들을 다시 불러 모우고자 나를 개유장(開誘將)으로 삼았다. 오시(午時: 낮 12시 전후)에 들어가 뵙고 서면(西面)까지 달려갔으나 동네가 텅 비어 있고 인가도 쓸쓸하였으며 단지 변산(卞山)에서 송귀년(宋龜年)만을 보았을 뿐이고, 군우(君遇: 정희열)가 남죽(南竹)에 이르기까지 따라다녔지만 군병(軍兵)을 많이 찾아볼 수가 없었다.

24일。

원노(元奴)에게 어렵사리 찾은 군인 20명을 관아에 맡기도록 했더니, 관아에서 바야흐로 길을 떠나게 하려 하였다. 노비 덕동(德同)이 창졸(槍卒)로 따라갔고, 노비 애종(愛終)도 보군(步軍: 보병)으로 따라갔다.

▌6월

9일。

듣자니 이광(李洸)이 회군한 까닭은 선봉장(先鋒將) 백광언(白光彦)이 왜적을 가벼이 보고 함부로 쳐들어갔다가 적에게 참살되자, 여러 장수들이 일시에 흩어진 데다 군량(軍糧)과 병장기 또한 모두 내버려둔 채로 달아났기 때문이라고 한다. 이것이야말로 소위 적에게 무기를 빌려주고 도적에게 양식을 대주는 것이리라. 비단 전라도 군사뿐 아니라 경상도와 충청도 군사들까지 역시 모두 물러나 달아났다고 한다. 모두가 한 도(道)의 대장이 전쟁터에 나아가 용기가 없음이 이와 같으니, 그 누구를 믿을 것이냐며 통분함이 그치지 않았다. 이날 덕동(德同)과 애종(愛終)도 또한 아무런 탈 없이 살아 돌아왔으니, 알 수 없는 일이었다.

11일.

들건대 전 부사(前府使) 고경명(高敬命)이 광주(光州)에서 의병을 일으키고 전 부사(前府使) 김천일(金千鎰)이 나주(羅州)에서 의병을 일으켰다 하니, 기뻐할 만하고 기뻐할 만하였다. 변란이 일어난 뒤로 남도에는 적막하였을 뿐 그러한 일을 전혀 들을 수가 없었는데, 이때에 이르러 의로운 소리가 크게 진동하니 누구인들 목숨을 버리고 의를 따르지 않겠는가.

마침내 편지[3]로서 향중(鄉中: 영광 지역 양반사회)에 두루 알렸으니, 도청(都廳)을 향교(鄉校)에 세우고는 여러 유사(有司)를 나누어 배정해 한편으로 의병을 모집하고 다른 한편으로 의곡(義穀)을 거두되 또 활과 화살, 창과 칼 등을 만들어서 두 곳으로 나누어 보내자는 것이었다. 그래서 나주로 보낸 것은 의병 40명, 의곡 15석, 장창(長槍) 20자루, 장검(長劍) 20자루, 강궁(強弓) 30장, 비전(飛箭) 400개이었고, 광주로 보낸 것은 의병 60명, 의곡 25석, 장창 30자루, 장검 30자루, 강궁 38장, 비전 600개였다. 이미 모였던 선비들이 대부분 고경명에게 소속되기를 원한 까닭에 이와 같이 고르지 못한 것일 뿐이었다.

큰아이 정경(丁鏡)은 나주로 가고 둘째아이 정건(丁健)은 광주로 갔는데, 그 녀석들은 차마 떠나고 싶지 않았겠지만 나랏일이니 어

---

3   협주: 편지는 《선양정문집(善養亭文集)》 2권에 보인다.

찌하겠는가. 큰아이는 출발하려는데 서증(暑症: 더위 먹는 병)이 발생하였기 때문에 노비 풍금(風金)으로 하여금 함께 가도록 하였으며, 김운(金雲)은 노비를 대신하여 가지 않으려 하니 개탄스러웠다.

의병은 수만 명인데, 오만이라고 부른단다.

24일。

들자니 왜적들이 뒤쫓아서 평양(平壤)에까지 이르러, 대가(大駕)가 함흥(咸興)으로 옮기려 한다고 하였다. 각 고을이 병사(兵使: 전라병사 崔遠)의 명으로 군노(軍奴)를 뽑게 되자, 동이(同伊)를 경작하며 사용했던 전마(戰馬)의 말 노비로 보냈고, 이보다 앞서 보낸 놈이 안손(安孫)이었지만 무사히 되돌아왔다.

29일。

들건대 왜적의 병사들이 전라도 금산(錦山)에 침범했다고 하니, 그렇다면 남쪽 연안의 군량 보급로가 반드시 끊어졌을 것이다. 나랏일을 염려해 말을 하려 해도 계책이 미칠 수 있는 바가 없었다.

또 듣건대 도원수(都元帥) 김명원(金命元)이 도성(都城)에 있던 사대부의 부녀(婦女)와 처첩(妻妾)들을 빨리 임진강을 건너지 않았다 하여 모두 참살하였다고 하니 아우(丁希參)와 누이동생[4]의 생사에

---

4 협주: 부사과(副司果) 김영(金嶸)의 아내이다.

대해 아직 듣지도 알지도 못하여 가슴이 아파서 한없이 눈물을 흘렸지만, 나중에 들으니 참살했다는 말은 모두 헛말이었다. 그렇게 했었다면 어떻게 보전했을 것인가.

▌7월

5일。

들자니 신립(申砬)[5]이 패군한 뒤 북도(北道)로 들어가 과거부터 알던 용사(勇士) 100여 명을 모집하여 왜놈 옷으로 바꾸어 입히고 도성으로 잠입하자 왜적들이 자기편으로 알고서 성문을 열어 들어오도록 허락해 왜적의 머리 182급(級)을 마구 베었다고 하였다. 또 듣자니 도원수(都元帥) 윤두수(尹斗壽)[6]가 왜적과 청석동(靑石洞)에서 싸워 그 머리 1,074급(級)을 베었다고 한다. 경상도 의병장 곽재우(郭再祐)가 왜적의 귀를 가득 실은 짐바리 하나를 남원(南原)에 보냈다고 하니, 통쾌하였고 통쾌하였다.

남쪽 지역이 지금까지 무사한데, 그 공은 이순신(李舜臣)이 한바탕 싸운 덕분이다.

---

5 협주: 충주(忠州)의 전투에서 패한 장수이다.
6 협주: 호는 오음(梧陰)이다.

12일。

놀란 가슴으로 듣건대 고경명(高敬命)이 금산(錦山)에서 패하여 그의 아들 고인후(高因厚)와 함께 죽었고, 의병과 방어사(防禦使) 군사들이 죄다 피해를 입었다 하니, 그렇다면 둘째아들 정건(丁健)이도 역시 죽음을 면하지 못하였을 것이다. 통탄한들 어찌하겠는가.

14일。

전주성(全州城)이 함락되었다는 기별을 듣고서 온 고을의 사람들이 모두 배로 피란할 계획을 삼는데 그들을 안도시킬 방법이 없으니, 나 홀로 어찌하겠는가. 나중에 듣자니 전주가 함락되었다는 것은 헛말이었다고 한다.

왜적은 우리가 대비하고 있는지 엿보아 알고자 용담(龍潭)으로 물러나서 진을 치고 있다 하였으며, 순창 군수(淳昌郡守)를 지낸 김제민(金齊閔: 정희맹 5촌 질녀의 시아버지)의 의병도 또한 패했다고 하였다.

▌8월

2일。

듣건대 대가(大駕)는 왜적에게 핍박을 당하여 때마침 용천(龍川)에 머물러 있다고 하였으며, 또 듣건대 행조(行朝: 임시조정)에서 병조판

서 이항복(李恒福)의 계책(명나라 군대의 파견 요청)을 받아들이고 청원
사(請援使)로 이덕형(李德馨)을 천조(天朝: 명나라)에 파견해서 호소하
게 하였다고 한다. 당시 천조(天朝)는 요좌(遼左) 지방에 잘못 전하여
진 말을 듣고 조선이 왜적을 인도하여 침입해 들어갈 것으로 의심하
였으니, 병부상서(兵部尙書) 석성(石星)이 지휘사(指揮使) 황응양(黃應
暘)을 보내어서 그 허실을 정탐하게 한 뒤 마침내 조선에 구원병을
파견하는 것으로 의논이 결정되었다. 그리하여 요동 부총병(遼東副
總兵) 조승훈(祖承訓)과 유격장군(遊擊將軍) 사유(史儒)가 7,000명의
군대를 거느리고 왔으며, 또 산동도(山東道)에게 수군 10만을 출동시
켜 곧장 왜적을 도륙하도록 명하였다고 한다.

　명나라 군대는 평양(平壤)까지 진격하여 남김없이 섬멸하고 사로
잡은 왜적 우두머리 장수의 귀를 잘라 경성(京城)의 왜적들에게 보
내며 말했다.

　"너희 놈들은 몹시 두려워하여 벌벌 떨고 있을지니, 빨리 나가지
도 못할 것이리라."

　왜적 역시 분노에 차서 군대를 일으켰으니, 경예병(輕銳兵: 가볍게
무장한 날랜 병사) 10,000여 명으로서 또 평양을 향하게 하였다. 이에
각 진(鎭)의 장수들이 속수무책이었는데, 일사(一師: 世子侍講院 首席
師傅) 정철(鄭澈)[7]과 좌의정 윤두수(尹斗壽)가 대동강(大同江) 가에서
기묘한 계책을 부려 협공하여 대파하니, 살아남은 왜적들이 또 경

7　협주: 호는 송강(松江)이다.

성(京城)의 왜적들과 합세하여 다시 관서(關西)로 향했다고 한다. 이렇다면 명나라 군대가 모조리 섬멸할 수 있을 것인가. 이로부터 거의 나라를 회복할 만한 형세가 있게 되었으나, 다만 우리나라의 군사(軍師: 군대를 지휘하는 사람)들이 기꺼이 나아가 싸우려 들지 않고 길에서 도망가는 자가 많으니 가망이 없다고 말하는 것이다.

9일。

들자니 전 부사(前府使) 최경회(崔慶會)가 의병을 일으켜 남원(南原)에 가서 진을 쳤다고 하는데. 우리 고을의 정대수(丁大壽: 정희맹의 4촌 동생)·김몽해(金夢海) 등이 함께 따라갔다. 또 이전에 의병으로 나갔던 자를 뽑기에 노비 풍금(風金)을 보냈다.

11일。

곽재우(郭再祐)가 김수(金睟)의 죄를 일일이 들추는 통문(通文)[8]을

---

8   郭再祐가 金睟에게 보낸 檄文은 이러하다. 「가슴 아프다. 우리 온 도를 무너져 흩어지게 만들었고 우리 서울을 함락하게 하였으며, 우리 성상을 파천하게 만들고 우리 온 나라 백성들의 간과 골을 땅바닥에 으깨지게 만든 것은 다 네가 한 것이다. 너의 죄악이 천지에 가득 찼는데도 네가 스스로 모른다면 이것은 우매한 인간이다. 네가 과연 우매한 인간인가. 너는 우매한 인간이 아니라. 재앙과 변란을 양성(釀成)하여 이 같은 극단에까지 이르게 하였으니, 온 천하의 토끼털[필(筆)]을 다 모지라지게 해도 네 죄를 다 써내기에는 부족하고, 온 천하의 대[竹 옛날에는 대를 엮어 종이를 대신하였음]를 다 없앤다 해도 네 악을 다 써내기에는 부족하다. 사람들은 모두들, 기한을 정해서 성을 쌓게 해서 백성들을 학대한 것이 혹심했던 것을 너의 죄라고 하고, 군사를 절제(節制)하는 데 방법이 없어서 왜적으로 하여금 마구 들어오게 한

것을 너의 죄라고 하는데, 이것은 모르는 사람들의 말이다. 내지(內地)에 성을 쌓는 것은 비록 인심을 잃었다고는 하나 마음은 적을 방어하는 데 있었은즉 그것은 네 죄가 아니다. 군사를 절제하는 데 전도(顚倒)한 것은 비록 군사의 기밀을 패하게 하였다고는 하나 재주가 병란을 대응하는 데 모자라서 그랬은즉 역시 너의 죄는 아니다. 이런 것들을 가지고 너를 죄 준다면 어떻게 네 마음을 굴복시키겠느냐. 그러나 네 죄가 하나 있으니, 왜적을 환영한 일이다. 왜적을 환영했다는 것은 무엇을 말하는가? 너는 온 도의 정병과 용사 5, 6백 명을 뽑아 인솔하고서 동래(東萊)가 함락되자 먼저 밀양(密陽)으로 달아났고, 밀양이 패하게 되자 또 가야(伽倻)로 도망쳤으며, 왜적이 상주(尙州)를 지나가자 거창(居昌)으로 물러나 숨었다. 한 번도 장병을 권면해 일으켜 그들로 하여금 왜적을 치도록 한 적이 없어 마침내 왜적으로 하여금 무인지경에 들어가는 것같이 하여, 종내는 열흘 안에 수도가 함락되게 하였다. 자기 몸 붙일 곳이 없음을 스스로 알고 근왕을 칭탁하고 도망쳐 운봉(雲峯)을 넘어 갔으니, 사람을 속일 수 있겠느냐. 하늘을 속일 수 있겠느냐. 네 죄의 둘째가 있으니, 패전을 기뻐하는 것이다. 패전을 기뻐한다는 것은 무엇을 말하는가? 늙은 겁장이 조대곤(曹大坤)은 본래 책망할 게 못 된다. 그러나 한 도의 원수(元帥)로 김해(金海)의 함락을 구해내지 못한데다가 왜적을 보기도 전에 먼저 있던 곳[主鎭]을 버리고 정진(鼎津)으로 퇴각해서 진을 쳤고, 정진은 왜적이 있는 곳에서 몇 백 리나 떨어져 있었는데 헛되이 놀라 무너져 회산서원(晦山書院)으로 도망쳐 들어가 마침내 여러 진(陣)과 각 읍들이 풍문만을 듣고 무너져 도망치게 만들었은즉, 조대곤의 죄는 주살하지 않을 수 없었는데도 너는 그 자를 목 베어 내걸어 사람들의 마음을 경각시키지 않았으니, 너는 과연 성(城)을 버리고 패전한 군율을 모르는가. 네 죄의 셋째가 있으니, 나라의 은혜를 잊은 것이다. 은혜를 잊었다는 것은 무엇을 말하는가? 듣건대, 네 조상은 10대의 주불(朱紱)이요 7대의 은장(銀章)이라고 하니, 녹도 후했고 은총 또한 융숭하였다. 그러니 의리상 마땅히 나라와 휴척(休戚, 기쁨과 슬픔)을 같이하고 사생을 함께해야 할 것이다. 만약 충의의 기운을 분발하고 강개한 마음을 발동하여 자신이 사졸에 앞서 죽겠다는 마음을 가졌다면, 무릇 우리 영남의 2 백여 년을 두고 배양해 온 사람들이 어찌 몸을 잊고 죽음을 무릅써서 나라의 치욕을 씻어버리지 않았겠는가. 그런데 너는 군부(君父)의 파천을 기뻐하고 수도의 함락을 달갑게 여겼으니, 너는 과연 군부의 곤란을 서둘러 구해낼 줄 모르는 자인가. 네 죄의 넷째가 있으니, 불효. 불효란 무엇을 말하는가? 듣건대, 네 아비는 비록 불행하게 일찍 세상을 떠났으나 참으로 강개하고 충의로운 선비였다. 만약 네 아비로 하여금 지금의 변란을 당하게 했다면, 반드시 의병을 권장하여 나라의 원수를 갚았을 것이다. 땅속에 들어간 영령이 생각건대, 반드시 어두운 가운데에서 너의 한 짓을 가슴 아파하고 너의 불궤(不軌)함을 분해하

보니, 이때 김수는 경상 감사(慶尙監司)로서 방어하는데 조금도 힘쓰

며, "임금을 무시하고 어버이를 잊은 일이 내 자식한테서 나올 줄이야 어찌 생각했으랴." 하고 말할 것이다. 네 죄의 다섯째가 있으니, 세상을 속인 것이다. 세상을 속인다는 것은 무엇을 말하는가? 네가 조정에 출사할 때 조정에서는 강과경직(剛果耿直)하다고 지목하였고, 영남에 절(節)을 갖고 내려왔을 때 영남에서는 너를 총명재예(聰明才藝)하다고 일컬었다. 강과 경직하고 총명 재예한 사람이 정말로 절충(折衝)하고 어모(禦侮)할 마음이 있었다면 험준한 곳에 거점을 두고 견고하게 진지를 지켜서 멀리 몰고 들어오는 적을 막는 것이 고리를 굴리는 것[轉圜]같이 쉬웠을 터이다. 그런데 너는 수수방관(袖手傍觀)하면서 한 가지 계책도 획책하지 않고 한 가지 모의도 시행하는 일이 없이 왜적이 도륙하는 대로 내버려 두었은즉, 전일의 강과와 재예는 좋은 작위를 낚으려는 것이었으나 오늘의 우매한듯 겁내는듯 하는 것은 무엇을 하고자 하는 것이냐. 네 죄의 여섯째가 있으니, 무치(無恥)한 것이다. 무치란 무엇을 말하는가? 너는 영남을 왜적에게 버려 두고 운봉을 넘어 전라도로 들어가서 근왕군에 몸을 기탁했다가, 근왕군이 용인(龍仁)에 도달했을 때 왜적 6명을 보고는 군량을 버리고 군기(軍器)를 내던지고 금관자(金貫子)를 잃어버리고 달아났다고 한다. 이것은 미리 금관자를 버리고 군사 중에 섞여 왜적으로 하여금 알아보지 못하게 한 것이다. 구차하게나마 살아 보자는 마음은 평소에 정해졌던 것이고, 구차하게 살아나는 꾀는 못하는 짓이 없었던 것이다. 네 죄의 일곱째가 있으니, 남의 성공을 꺼리는 것이다. 성공을 꺼린다는 것은 무엇을 말하는가? 네가 도내에 있으면서 네가 왜적을 토벌할 마음이 없었기 때문에 군사들의 마음이 저상해서, 앞장서서 적에게 나가는 자가 없게 되었다. 다행히 초유사가 충성심을 격발하고 의기(義氣)를 고무하여 사방에서 의병이 일어나게 만들어 동지들이 목숨을 내놓게 된 덕분으로 사람들의 마음이 좀 가라앉고 성세가 자연 커져서 지역 내의 왜적을 깨끗이 쓸어버리고 거가를 받들어 돌아오는 날을 가리키고 기다릴 수 있게 되었었다. 그런데 너는 부끄러움을 잊고 치욕을 참고서 얼굴을 들고 다시 와서 호령을 하고 지휘권을 발동해서 의병들로 하여금 흩어져 버리려는 마음을 갖게 하고 초유사로 하여금 다 이룩하게 된 공을 망치게 만들었은즉, 전의 악은 이미 지나가 버렸다 하더라도 지금의 죄는 용서할 수 없다. 아아! 북쪽 하늘은 멀고 도로는 막혀서 왕법(王法)이 시행되지 않아 네 목이 아직도 온전한 것이다. 너의 가짜 기운과 떠도는 혼이 비록 천지 사이에서 보고 숨쉬고 있다고는 하지만, 너는 사실 머리 없는 시체다. 네가 만약 신하의 분수를 조금이라도 안다면 네 군관을 시켜 네 머리를 베어 버리도록 하여 천하와 후세에 사과하라. 만약 그렇게 하지 않는다면, 내가 네 머리를 베어서 귀신과 사람의 분을 풀도록 할 것이다. 너는 알아 두라.」(조경남, 《난중잡록》 1 〈임진년 상〉, 한국고전번역원 역문 인용)

지 않고 편안히 앉아 왜적을 맞았으므로 왜적을 환영한 것[迎賊]·
패전을 기뻐한 것[喜敗]·나라의 은혜를 잊은 것[忘恩]·고인이 된 아버
지를 욕되게 한 것[不孝]·세상을 속인 것[欺世]·구차하게 살아나려
한 것[無恥]·남의 성공을 꺼리는 것[忌成] 등 7가지 죄목을 온 나라에
두루 보였는데, 남인(南人: 김수)이 마음을 쓰는 법을 알아볼 수 있도
록 보내온 것이었다. 이른바 도백(道伯: 관찰사)이란 자가 이러하다면
나라는 어떻게 그를 믿을 수 있겠으며, 백성들은 어떻게 그를 의지할
수 있겠는가.

13일。

들자니 전라 감사(全羅監司: 李洸)가 파직되어 백의종군하도록 군
율을 정해 강등시켰고, 광주 목사(光州牧使) 권율(權慄)을 승진시켜
군대를 거느리도록 하였다고 한다.

또 들자니 금산(錦山)에 아직도 남은 왜적이 있어서 최경회(崔慶
會)의 군대가 또한 패배를 당했다고 한다.

14일。

들건대 대가(大駕)가 의주(義州)에 머무르고 세자(世子: 光海君)가
이천(伊川)에 머무르면서 친필 편지로 의병장들을 힘써 유시하였다
고 하는데, 그 편지의 내용을 보니 통탄스러워 눈물을 흘리지 않을
수 없었다.

27일。

의곡(義穀)에 관한 일로 향교(鄕校)에 들어갔다가 돌아오는 길에 교관(校官) 강문필(姜文弼)을 만났다.

들건대 왜적들이 아직도 경성(京城)과 개성부(開城府)에 있어 회복하는데 기약이 없는지라, 나랏일이 어떻게 될지 알 수 없다고 하니 더욱 분하고 답답했다. 또 들건대 승려들도 의병을 또한 일으켰다고 하니 가상하였다.

▌9월

3일。

미시(未時: 오후 2시 전후)에 듣자니 경성(京城)에 사는 누이[9] 동생이 아이들을 거느리고 와서 고창(高敞) 효중(孝仲)[10] 형의 주인집에 도착했다고 한다. 한없이 기쁨에 겨워 즉시 정익(丁釴)으로 하여금 종세(終世) 노비와 함께 말을 가지고 오는 길목에 마중하도록 보냈다. 난리 통에 어떻게 몸을 보전하여 살아 돌아왔단 말인가? 이것은 하늘이 필시 은밀히 도와주어서 그런 것이리라. 병든 심사를 소생시키고 기쁘게 하였으니, 모르는 사이에 나막신 굽이 부러질 정도

9　협주: 김영(金嶸)의 아내이다.
10　협주: 성명은 밝히지 않는다.

로 매우 기뻤다.

4일。

신시(申時: 오후 4시 전후)에 누이동생의 일행이 들어왔는데, 이민장(李民章)[11]과 그의 아내 및 김인택(金仁澤)[12]이 따라왔다. 강화(江華)에서 내려왔는데, 배를 10여 일 동안 타고서 군산포(羣山浦)[13]에 이르러 닻을 내렸다. 군산포에서 산을 넘고 물을 건너 일행이 만경(萬頃)에 이르니 다행히도 순창 군수(淳昌郡守) 김제민(金齊閔: 정희맹 5촌 질녀의 시아버지) 부자(父子)를 만나, 그가 타고 있던 말을 누이동생의 모녀에게 타도록 해주어서 동진(東津)[14]에 이르렀으니 그 은혜가 망극하였다. 옹정(瓮井: 정희맹 5촌 조카 丁鎭의 장인)[15]의 근처 마을에 투숙하고 또 말 값을 치러 얻어서 복주동(卜柱洞)[16]에 어렵사리 들어와 하루를 더 묵은 뒤 용산(龍山)에 들어온 것이었다. 4월 27일부터 난을 피해 도망 다녔는데 온 가족이 보전된 것은 바로 하늘의 뜻이었으리라. 이와 같은 난리 통에 다시 살아난 사람을 만나볼 수 있었으니, 또한 다행스럽지 않은가. 다만 원기(元氣)가 다하여 죽조차도

---

11 협주: 김영(金嶸)의 사위이다.
12 협주: 김영(金嶸)의 셋째아들이다.
13 협주: 부안(扶安)에 있다.
14 협주: 부안(扶安)에 있다.
15 협주: 김태복(金泰福)의 호이다.
16 협주: 고창(高敞)에 있다.

입으로 넘기지 못하고 신음하며 몸져누워서 정신을 차리지 못하였
는데, 질녀가 더욱 심하여 구제하지 못할까 염려되니 이것이 답답
하였다. 김탁경(金卓卿: 정희맹의 생질)[17]은 그의 첩을 데리고 동진(東
津)에서 나뉘어 순천(順天)을 향했다고 하니 괴이하였다. 그 뒤에
김인개(金仁漑: 정희맹의 생질)[18]가 찾으러 갔으나 또한 돌아오지 않
았다고 한다.

11일。

주상(主上)이 전라도의 백성들에게 내린 교유서(敎諭書)[19]를 보니
힘을 다하고 충성을 기울여 나라를 회복하는데 기약하라는 뜻을
분부한 것이었다. 또 왕세자(王世子: 광해군)의 교서(敎書)[20]를 보니,
남쪽지방에서 인재를 선발하고 온갖 세금들을 거두어 나랏일에 더
욱 힘쓰도록 하라는 뜻을 분부한 것이었다. 성상(聖上)의 하교(下敎)
가 이처럼 간절하나, 한 사람도 의병을 일으키는 자가 없으니 분개
하고 탄식해 마지않았다.

17　협주: 김영(金嶸)의 첫째아들이다.
18　협주: 김영(金嶸)의 둘째아들이다.
19　협주: 7월 26일에 지은 것이다.
20　협주: 8월 1일에 지은 것이다.

16일。

의곡(義穀) 1석을 법성포(法聖浦)²¹로 실어 보냈는데, 유사(有司) 이 굉중(李宏中: 丁希參의 사위)·이용중(李容中: 정희열의 처가 사위)·이홍 종(李洪鍾: 정희맹의 6촌 형인 정사언의 4촌 처남)·이극부(李克扶: 이홍종 의 조카)가 의곡(義穀)으로 받았다. 대장(大將) 기효증(奇孝曾)²²이 인 근 고을에서 거두어들인 쌀을 행재소(行在所)에 배로 실어 날랐다. 일전에는 장편전(長片箭: 긴 화살과 아기살) 10개와 흰쌀 5되를 합쳐 서 향교의 인편으로 의병소(義兵所)에 보냈었다. 나는 비록 이와 같 으나, 우리 영광 고을 안의 모든 사람들에게 수차례 보내라고 권유 해도 모두 기꺼이 내주지 않았다. 근면하지 못한 책임은 비록 도유 사(都有司)에게 돌릴지라도, 내가 할 일이 무엇이 있겠는가. 정발(丁 潑: 鄭潑의 오기)은 한 되의 쌀이라도 먼저 보냈으니 가상하였다. 그 러나 사정이 이와 같았으니, 어떻게 의곡(義穀)을 거두어들일 수 있 으랴.

24일。

듣자니 금산(錦山)의 왜적이 떠나갔다고 하는데, 그렇다면 전라 도는 온전할 수 있다는 것인가. 적의 계책을 헤아리기가 어려우니

---

21 협주: 우리 영광군(靈光郡)에 있다.
22 협주: 고봉(高峰) 선생의 아들이다.

어찌 믿을 수 있겠는가.

27일。

기효증(奇孝曾)이 역원(驛院)²³에 도착하였는데 먼저 사람을 보내어 문안하니, 대답했다.

"옛날 사람들이 이르기를, '세상이 어지러워야 충신을 안다.'고 하였으니, 어찌 지위가 있고 없는 것으로서 말하겠는가? 무릇 우리들은 뜻이 같은 선비로서 충성심이 끓어올라 의로운 기개에 고무되었으니, 적의 무리를 섬멸하고 지역 내의 왜적을 깨끗이 쓸어버리고 나서 대가(大駕)를 받들어 돌아온다면 대장부가 해야 할 일이 모두 끝나네. 나와 같이 늙고 병든 자는 어쩔 수 없고 어쩔 수가 없지만, 의병장들은 감히 힘쓰지 않을 수 있겠는가?"

들자니 강항(姜沆: 丁希說의 처 손자이자 丁鍵의 처조카)이 분연히 배에 올라 행재소(行在所)로 갔다고 하였으며, 정탁(丁鐸: 정희맹의 5촌 조카) 또한 의병소(義兵所)로 가며 말했다고 한다.

"뿌리와 가지가 뒤엉킨 상황을 만나지 않는다면 어찌 칼이 예리한지 구별할 수 있으며, 호랑이 굴에 들어가지 않으면 어찌 호랑이 새끼를 얻을 수 있으랴? 지금이야말로 바로 공명을 죽백(竹帛: 역사)에 길이 드리울 시기이다."

---

23 협주: 연덕원(延德院)이다.

그러므로 칭찬한 지 오래되었지만, 나중에 들으니 모두 중지되었다고 하였다.

▌10월

2일。

듣건대 주관(主官: 영광 군수 南宮涀)이 모친상을 당했으나 복병장(伏兵將)으로서 금산(錦山)에 달려가 있어 미처 영결(永訣: 임종)에 오지 못했다고 하니, 주관은 바로 전 참판(前參判) 남궁 침(南宮枕)의 아들이다. 참판은 나의 선친(先親)과 같은 해에 급제[24]하였기 때문에 전라도 관찰사였을 때 우리 집에 찾아와서 선친과 둘러앉아 조용히 담소를 나누었으니, 따뜻한 정과 의리가 각별하였다. 주관(主官: 고을 수령 南宮涀)이 부임하기에 이르렀을 때도 또 대대로 사귀어온 정의(情誼)로서 서로 따르며 친하게 지내어 내외 모두가 그 정의를 알았다. 오래지 않아 부음(訃音)을 들은 것이니 참혹하고 가련한데, 단지 그의 동생 남궁 영(南宮泳)만이 초상을 치른다고 하였다. 일전에는 류사수(柳士受: 丁希參의 사돈)[25]의 집에서 베개를 나란히 하고 잤거늘, 즉시 들어가서 조문하려고 하나 왼쪽 무릎과 넓적다리가 시리고 아파서 발걸음을 옮기어 놓을 수가 없으니 답답하였다.

---

24 협주: 정유년(1537)에 같이 과거에 급제하여 진사가 되었다.
25 협주: 익겸(益謙)이다.

5일.

군우(君遇: 정희열의 字)와 함께 몸과 마음을 깨끗이 하고 제사지낼 채비를 하였다.

6일.

새벽에 조부(祖父: 丁世光)의 기제사(忌祭祀)를 차분히 지내고, 군우(君遇: 정희열)와 같이 남죽리(南竹里)로 내려갔다. 이분(李芬)·이기(李夔)가 마침 도착해 함께 말고삐를 나란히 하여 고을로 들어가니, 주관(主官: 영광 군수 南宮涀)이 아직도 먼 곳으로부터 급히 집으로 달려오지 못한지라 단지 남궁 영(南宮泳)만 조문하고 돌아왔다.

8일.

집안의 우환이 생겼던 까닭에 경성(京城)에서 온 누이는 외간리(外間里: 五龍洞)로 내려보냈고, 나는 잠시 서당(書堂)으로 피하였다.

12일.

듣건대 왜적의 군대가 온 나라에 꽉 들어찼으나 오직 호서(湖西)·호남(湖南)만이 자못 다소나마 온전하다고 하지만, 운봉(雲峯)·금산(錦山) 등의 고을은 이미 왜적의 소굴이 되었으니 조만간 어떤 지경에 이르게 될지 알 수가 없었다. 만약 수수방관하여 잇달

아 호남의 고을들이 함락된다면, 살아있는 백성들이 죽임을 당할
것은 거론할 것이 못 되고 전쟁 중인 나라에 군량(軍糧) 대는 길이
어떻게 이어질 수 있겠는가? 여러 가지로 이리저리 아무리 생각해
보아도 성을 편안하고 안정된 상태로 보전하는 대책을 마침내 갖
추어야 했다. 그리하여 우리 고을 내에 있는 뜻을 같이하는 선비들
에게 편지[26]를 보내어서 성을 지키는 계책을 세우기로 하였다.

13일。

듣자니 순찰사(巡察使)가 이방주(李邦柱)를 우리 영광군(靈光郡)의
가관(假官: 임시 군수)으로 삼아서 인심을 진정시키려 하였다. 아마
도 주관(主官: 영광 군수 南宮況)이 모친상을 만났기 때문에 이와 같이
했을 것이지만 민간에서는 날로 더욱 소란스러워 안정될 길이 없어
성 지키는 일을 급히 행하지 않을 수 없었다.

16일。

성을 지키기 위한 모임 날짜를 정하는 일로 읍(邑)에 들어갔지만
한 사람도 오지 않았다. 저녁이 되어서야 이화숙(李和叔)[27]·이계명(李
季鳴)[28]이 그들의 아들과 조카를 데려오고, 이경홍(李景洪)[29]·군우(君

---

26 협주: 편지는 선양정집(善養亭集) 2권에 실려 있으니 보라.
27 협주: 이응종(李應鍾)이다.
28 협주: 이홍종(李洪鍾)이다.

遇: 정희열) 동생 등이 잇달아 와서 향교에 함께 머무르며 밤새도록
상의하였는데, 모두가 성 지키는 것을 급히 행해야 할 일로 말했다.

17일。

온 고을의 선비들 가운데 아무아무개는 회합에 오지 않은 적이
없었으니, 이로써 미루어 보면 족히 근왕병(勤王兵)을 일으킬 만했
다. 편지 한 통에도 온 자가 이와 같이 많았기 때문이다.

18일。

오성관(筽城館)에서 연회를 베풀고 차례로 앉자, 마침내 큰일을
의논하였다. 의견이 갑(甲)과 을(乙)로 나뉘면서 망령되이 나를 맹
주(盟主)로 삼으려고 하였다. 이에 나는 앉은자리에서 나아가 서서
말했다.

"오늘의 일은 입신양명(立身揚名: 출세하여 이름을 세상에 드날림)을
위한 거조(擧措)가 아니외다. 다만 나라를 위하고 가문을 보존하기
위한 계책이온데, 무릇 그 맹주라는 직임을 사양하며 감당하지 못
한다고 하면 패의(悖義: 의를 어그러뜨림)라 할 수 있을 것이외다. 하
지만 이 사람을 돌아보자면 온갖 병이 몸에 있어서 신음하며 병석
에 쓰러져 있느라 세상일을 살피지 못한 것이 너무나 많으외다.

---

29 협주: 이용중(李容中)이다.

격문(檄文)을 내고 시행하는 것을 결코 스스로 감당할 뜻이 없으니, 부디 이 자리에 계신 여러분들은 명망이 높은 분을 상세히 살피고 가려서 맡기시기를 바라외다. 성을 지키고 지키지 못하는 것, 고을이 안정되고 안정되지 못하는 것 등은 다 그 사람에게 달려있으니 삼가지 않을 수 있겠소이까?"

이에 모여 앉은 사람들은 입을 다문 채 아무런 말이 없었다. 내가 또 말했다.

"오늘 의논을 하면서 한낮이 되도록 결정을 내리지 못하는 것은 진실로 대사를 도모하는 본래의 뜻이 아니외다. 부디 여러분들이 의논하여 처리하시기를 바라외다."

또 한 사람도 일어나서 말하는 자가 없었다. 내가 이에 밀통(密筒: 비밀함)을 만들고서 차례로 돌리고 거두어 보니, 여러 사람들의 바라는 바가 모두 화숙(和叔: 李應鍾)에게 있었다.

즉시 화숙을 도별장(都別將)으로 삼았고, 그 아래의 여러 직임들을 차례차례 여론을 수합하며 나누어 정하였는데, 직임의 명칭이 24개이고 그 직임에 배정한 인원이 55명이었다. 간혹 능력이 뛰어난 사람은 두 가지의 직임 겸하는 것을 감히 면할 수가 없었다. 드디어 합석하고 피를 입가에 바르면서 맹세하여 말했다.

"무릇 우리는 함께 맹세한 사람들이니, 맹세한 이후에 맹세를 어긴 자는 벨 것이다."

이로부터 각기 그 역할을 맡아서 오직 영광성(靈光城)을 지키기 위해 목숨을 바쳐 죽는 일만 생각하였다. 의사(義士)들이 분개하니 근왕군 병사들의 마음도 엄숙하였다.

이날 정경(丁鏡: 정희맹의 장남)이 들어왔는데, 귀신의 몰골이 이미 되어 온 좌중에 가득했던 사람들이 아무도 알아보지 못하자 슬피 통곡하고 슬피 통곡하였다. 그 녀석의 말을 들으니, 떠나갈 때부터 더위 먹은 것이 갈수록 지독해져 증상을 아뢰고서야 면제되어 돌려 보내졌다. 돌아오는 도중에 증상이 더욱 더해져 신음하며 길가에서 노숙하였는데, 공주(公州)의 만덕사(萬德寺) 승려 성민(性旼)이란 자가 그것을 보고 가련히 여겨 부축해 절에 들어가서 7월 20일부터 9월 그믐에 이르기까지 한 번도 절문을 나오지 못했고 5번이나 죽었다가 살아났을 정도였는데도 다행히 신승(神僧)의 은혜에 힘입어 실낱같은 목숨을 보전해 돌아왔다고 하였다. 난리의 사태에서 차마 말을 꺼낼 수 없으나, 자식이 환난을 당해도 아비가 알지 못한 것은 시운인가 천명인가 탄식한들 어쩌겠는가. 그 녀석을 즉시 집으로 돌아가게 하니, 화숙(和叔: 李應鍾)이 나를 향해 말했다.

"영윤(令胤: 아들의 높임말)이 구사일생으로 살아 돌아왔어도 이 동맹에 들이지 않을 수 없소이다."

마침내 군관(軍官)이라는 직임의 후보자로 지명하고는 몸조리하여 숙직하라고 하였다. 그 녀석의 몰골로 보아서는 실로 거행하기가 어려웠지만, 일이 명분과 의리를 계승하는 것이기 때문에 체직(遞職)하기를 청하지도 못하고 갔다.

○ 명첩(名帖)

도별장(都別將)	생원(生員) 이응종(李應鍾)
부장(副將)	전 만호(前萬戶) 강태(姜泰)
종사관(從事官)	유학(幼學) 이홍종(李洪鍾)·이곤(李琨)
	신장길(辛長吉)·정희열(丁希說)·임수춘(林遂春)
	생원 이용중(李容中)
군정(軍正)	전 참봉(前參奉) 이굉중(李宏中)
	유학 정희맹(丁希孟)
참모관(參謀官)	유학 이헌(李憲), 충순위(忠順衛) 이안현(李安鉉)
	전 부장(前副將) 이옥(李玉), 유학 노석령(盧石齡)
	류익겸(柳益謙)·김재택(金載澤)·정희열(丁希說)
	봉단의(奉端懿)·임수춘(林遂春)
장문서(掌文書)	김태복(金泰福)·이분(李芬)·이극부(李克扶)
	강항(姜沆)
폐막관(弊瘼官)	이용중(李容中)·이극부(李克扶)
수성장(守城將)	충순위 오귀영(吳貴英)
종사관(從事官)	충의(忠義) 김남수(金楠壽), 유학 정여기(丁汝璣)
도청서기(都廳書記)	유학 김구용(金九容)·정응벽(丁應壁)·오윤(吳玧)
	정구(丁久)
대장군관(大將軍官)	정경(丁鏡)·류영해(柳永海)·이효안(李孝顔)
	이극양(李克揚)·이극수(李克授)
부장군관(副將軍官)	김운(金雲)·류집(柳潗)·강윤(姜潤)

수문장 남(守門將南) 이희익(李希益) · 강극효(姜克孝)

수문장 북(守門將北) 김대성(金大成) · 이거(李琚)

중위장(中衛將)   최희윤(崔希尹)

중부장(中部將)   이희룡(李希龍)

유군장(遊軍將)   김찬원(金贊元)

외진장 서(外陣將西) 이효민(李孝閔)

외진장 남(外陣將南) 김춘수(金椿壽)

외진장 동(外陣將東) 한여경(韓汝璟)

종사관 서(從事官西) 김경(金慶)

종사관 남(從事官南) 이유인(李惟認)

종사관 동(從事官東) 김광선(金光選)

군관(軍官)   김정식(金廷式) · 송약선(宋若先) · 정여덕(鄭汝德)

정념(鄭恬)

수성군관(守城軍官) 강락(姜洛) · 김봉천(金奉天)

○ 성을 지키는 법(守城)

병법(兵法)에 이르기를, "성을 지키는 방도는 적이 쳐들어오지 않으리라고 믿지 말고 우리가 대비하고 있음을 믿어야 하며, 적이 공격하지 않으리라고 믿지 말고 우리를 공격해 오지 못하도록 하고 있음을 믿어야 한다."고 하였다. 그래서 수비를 잘하는 자는 적이 공격할 곳을 알지 못하는 것인데 단지 성(城)이 높고 해자가 깊은데다 병졸이 강하고 군량이 풍족하기 때문만이 아니라, 반드시 지혜

로운 사려가 주밀한 것에 달려 있는 것인데 전황(戰況)의 온갖 변화
에 대처하는 계책을 도모해야 하나니 저들이 공격해오지 않아도
우리가 지키거나 저들이 전쟁을 도발해오지 않아도 우리가 공격하
거나 하는 것, 다방면으로 속여 저들의 군대를 유인하거나 자주
출동하여 저들의 군대를 지치게 하는 것, 저들이 싸움을 걸어와도
우리가 나가지 않거나 저들이 떠나가면서도 우리의 기습을 두렵게
하는 것 등이다. 이와 같은 것들은 모두 옛 사람들이 앉아서 적국을
움직이도록 부리는 방도이다. 이것이 비록 방어와 공격의 계책을
얻었을지라도, 그러나 또 먼저 지킬 만한 곳이 이로운지 해로운지
살펴야 한다.

무릇 성을 지키는 방도에는 5가지 패할 경우가 있으니, 첫째 장
대한 사람은 적고 미약한 사람이 많은 경우, 둘째 성은 크고 사람이
적은 경우, 셋째 식량은 적고 사람이 많은 경우, 넷째 재화(財貨)를
성 밖에 쌓아둔 경우, 다섯째 권세가들이 명(命)을 잘 듣지 않은
경우이다. 덧붙이건대 성 밖에 강물이 높이 차오르고 성안이 낮으
면 땅바닥이 갈라지고 해자[垓子: 池隍]들이 얕아지리니, 방어하는
도구들이 넉넉하지 못한데다 땔나무와 식수를 제대로 공급하지 못
하면 비록 높은 성이 있을지라도 마땅히 버리고 지키지 말아야 할
것이다.

또한 5가지 온전할 경우가 있으니, 첫째 성황(城隍: 해자)이 수리
되는 경우, 둘째 기계들이 구비되는 경우, 셋째 사람은 적고 식량

이 많은 경우, 넷째 윗사람과 아랫사람이 서로 친한 경우, 다섯째 형벌은 엄하고 포상이 후한 경우이다. 덧붙이건대 태산(泰山)의 아래나 큰 시내의 가를 얻었는데 지대가 높으면 물이 부족한 곳을 피해야 물을 풍족하게 쓸 수가 있고 지대가 낮으면 물 근처를 피해야 도랑과 제방을 손쉽게 관리할 수 있으리니, 천시(天時)에 따라 지리가 편리한 곳을 취해야 하기 때문에 지대가 단단하고 강물이 흘러서 험난하여 의지할 만한 곳으로 이러한 형세를 겸하고 있다면 지키기에는 충분할 것이다. 그러므로 병법(兵法)에 이르기를, "성(城)도 공격하지 않아야 할 것이 있다."고 한 것과, 또 이르기를, "지키기를 잘 하는 자는 여러 가지의 지리와 지형을 고려하여 은폐한다."고 한 것이 모두 이것을 이른다.

무릇 지키는 방도는 적들이 쳐들어와서 성에 육박해오면 고요히 기다리는 것인데, 바로 나가서 막지 말고 화살과 돌이 미칠 수 있을 거리까지 기다리면 전술로 격파할 수 있기 때문이다. 만약 주장(主將)이 직접 임전하여 그 편리한 시점을 헤아려 강노(强弩: 센 쇠뇌)를 한꺼번에 쏘아대고 비석(飛石)으로 함께 공격해 죽이게 되면, 적군의 소리가 꺾이면서 그 형세로는 반드시 달아날 것이다. 만약 싸우던 적들이 항복이나 화친(和親)을 말하더라도 절대로 방비를 늦추지 말고 마땅히 더욱 더 방어하여 그들이 우리에게 속임수 쓰는 것을 막아야 한다. 만약 적들의 공격이 이미 오래되어 공격하지 않고 가면 이것은 지친 군사라고 할 수 있으니 짓밟아 습격할 수

있을 것이고 반드시 격파할 수 있을 것인데, 여기에 또 명철함이
더해져 이로움을 보고 행하는 것은 항상 자잘한 몸가짐에 얽매여서
는 안 된다.

22일。

황제(皇帝)³⁰가 국왕에게 칙유(勅諭)하는 문서 및 주상이 신민(臣
民)들을 깨우치는 교서(敎書)³¹를 보니, 모두 격렬하고 절실한 충의
(忠義)로써 빨리 위태로운 나라를 구하여 회복해야 한다는 뜻을 내
린 것이었다.

23일。

듣건대 두 왕자(王子)³²가 왜적에게 붙잡혔다고 하니, 모든 백성
들이 그 분함을 참지 못하는데 하물며 성상(聖上)의 마음임에랴. 명
나라 군대가 이미 전쟁에 임하였고 의병 역시 일어났으니 왜적들이
비록 다소 좌절했었지만, 이른바 남인의 무리들이 만 가지로 더
부추겨서 다시 왜적들의 노기(怒氣)를 돋운다고 한다. 흉악한 짐승
같은 마음이 저 왜적들보다 더 심하니, 어찌 그런 부류의 두목을
먼저 참수(斬首)하여 사방에 효시(梟示)하지 않는가.

---

30 협주: 명나라 신종(神宗)이다.
31 협주: 9월 6일 지어진 것이다.
32 협주: 임해군(臨海君)과 순화군(順和君)이다.

들건대 진주(晉州)³³의 대첩(大捷)과 연안성(延安城)³⁴의 보전은 모두 성을 잘 지킨 데서 말미암은 것이라고 하니, 우리들도 또한 마땅히 힘을 모아 지킬 따름이다.

24일.

집에서 온 소식을 들으니 전세(田稅)·요역(徭役: 노동력 징발) 등으로 걱정이라고 하였다. 전란 초부터 부역(賦役)이 번다하고 무거워 감당할 수 있는 자가 얼마 되지 않아서 부자는 괜찮거니와 의지할 데 없는 사람은 가엾다고 하였는데, 환조(還租: 환곡의 벼)·포군(捕軍: 토포군관)·수성(修城: 성의 수리) 등의 일을 한꺼번에 엄히 독촉하여 동네방네가 술렁거리니 한스럽고 안타까웠다.

▌11월

2일.

들건대 손자 녀석 정치택(丁致澤)이 병치레 끝에 복통으로 죽었다고 하니, 애통하고 애통하였다. 어미 잃고 자란 아이가 미처 약으로도 치료되지 않고 이 지경에 이르렀으니 더욱 슬프고 가엾다.

---

33 협주: 김시민(金時敏)이 지켰다.
34 협주: 이정암(李廷馣)이 지켰다.

3일.

경상도 의병장 곽재우(郭再祐)가 군량(軍糧)을 요청하는 격서(檄書)를 보니 말이 너무도 간절하고 정성스러웠는데, 도청(都廳)에서 의논하여 각 면(面)의 유사(有司)를 차출하였으나 인원이 부족하였기 때문에 수성 임원(守城任員)에게도 아울러 부쳐서 일이 번다하고 심하였지만 이와 같이 하지 않으면 거두어들일 방도가 전혀 없었다.

6일.

새로 부임하는 군수 이안계(李安繼)가 영광군에 도착하였다. 문관(文官) 김계(金泊)가 가솔들을 거느리고 떠돌다가 그의 노비 집에 살게 되었는데, 찾아가 만나보고서 신경진(辛慶晋: 정희맹의 5촌 생질)의 집 소식을 물었지만 알지 못한다고 하였다.

7일.

도청(都廳)의 여러 인원들이 새로 부임한 군수를 보려고 했을 때, 체찰사(體察使: 정철)의 관문(關文: 공문서)이 도착하였는데 분조(分朝: 광해군)의 하교를 적은 칙서(勅書)를 보낸 것이었으니, "상중(喪中)에 있더라도 무신(武臣)은 그대로 벼슬하여 직임에 머물러 있으라."는 것이었다. 신임 군수는 즉시 북문(北門)으로 나서서 떠나갔기 때문에 만나보지 못하였다. 가관(假官: 임시 군수) 이방주(李邦柱)도 임지로 돌아갔다.

9일。

집에 돌아가 제사지낼 준비를 하였다.

11일。

어머니[35]의 기제사(忌祭祀)를 차분히 지냈는데, 제사에 참여한 사람은 정경(丁鏡)과 류오(柳澳: 정희맹의 질서)뿐이었다.

13일。

도청(都廳)에 들어가 논의하고서 이거(李据: 丁鎔의 장인)·류광형(柳光亨)을 모군 별장(募軍別將)으로 삼아 더 많이 의병을 모집하도록 하였다.

20일。

집으로 돌아와서 목욕재계하고 제사 음식 만드는 것을 감독하였다.

22일。

할머니[36]의 기제사(忌祭祀)를 차분히 지냈는데, 제사에 참여한 사람은 정용(丁鎔) 조카, 정건(丁鍵) 아들, 정진(丁鎭) 조카, 정철수(丁鐵

---

35 협주: 광산김씨(光山金氏)이다.
36 협주: 문화류씨(文化柳氏)이다.

壽)·정석수(丁石壽)·정미수(丁眉壽) 4촌 동생 등이었다. 이 제사는 마땅히 종손 집에서 지내야 하였으나 돌아가신 아버지가 스스로 맡아 받들어 모셨는데, 나에게 이르러서도 변함이 없도록 언급한 까닭에 비록 난리중일지라도 어찌 아버지의 명을 훼손할 수 있으랴.

이날 임치 첨사(臨淄僉使)를 찾아가 만나서 말했다.

"선산(先山)의 나무를 몰래 밴 자들을 잡아들여서 엄중히 다스리는 것이 좋겠소이다. 수백 년 동안 구목(丘木: 무덤가에 있는 나무)을 가꾸어 키워왔는데, 배를 만든다고 하여 모두 베니 안타깝소이다."

그러나 도성(都城)의 나무들도 제대로 보전되지 못했다고 하니, 말한들 어이하랴.

23일。

돌아와 아버지의 묘에 절하고 집에 도착하니 정경(丁鏡)의 원기가 소생하지 못한데다 또 다시 아팠는데, 증상이 심하고 가볍지 않아서 능히 떨쳐 일어나지 못할까 염려되어 서로 떨어져 있기가 어려운 형편이었다.

도청(都廳)에서 연달아 재촉하는 편지가 있었으므로 마침내 들어가니 여러 임원들이 모두 있었으나, 단지 이경홍(李景洪)[37]만 집안의 사고로 인하여 나갔다.

---

37 협주: 용중(容中)이다.

24일。

들자니 정경(丁鏡)의 병이 다행히도 약물의 효력으로 말미암아
그런대로 조그마한 효과가 있다고 하여 기뻤다.

26일。

군우(君遇: 丁希說)와 함께 신예산[38](辛禮山: 예산 현감 신응세)을 찾
아가 보고 돌아왔다.

체찰사(體察使: 한효순) 군관(軍官) 김응함(金應城)이 영광군에 도착
하였다. 작폐를 자행하는 것이 꽤 심하였는데, 그는 꾸짖을 것도
못되지만 상관이라는 직을 맡은 사람이 이와 같이 앞뒤가 바뀌었으
니, 겨우 살아남은 백성들은 다시 누구를 믿고 의지하랴. 우매한
백성들이 떠돌고 흩어졌을 뿐 아니라 사족(士族)의 집까지도 장차
지탱하여 보전할 수 없으리니, 성을 지키는 일은 누구와 할 수 있을
꼬. 한심하다 할 만하다.

29일。

도별장(都別將: 李應鍾)이 들어왔다.

---

38 협주: 응세(應世)이다.

▌12월

3일。

별장(別將)은 나가고 군우(君遇: 정희열)가 들어와서 즉시 군관(軍官)을 보러 상방(上房)으로 갔는데, 바로 김응함(金應緘)의 삼종제(三從弟: 8촌 동생)이다. 비록 그의 형이 자행한 작폐를 말하는 일일지라도 기꺼이 들으려고 하지 않으니 어찌하랴.

이날 밤에 군우(君遇)와 나와서 함께 목욕재계하고 재소(齋所: 제사지내는 곳)에서 잤다.

4일。

증조부(曾祖父: 丁碩弼)의 기제사(忌祭祀)를 지냈는데, 제사에 참여한 사람이 정용(丁鎔) 조카뿐이었다.

음복한 후에 눈보라를 무릅쓰고 찾아가 감찰(監察)의 누이동생[39]을 육창리(六昌里)에 장사지내는 것을 보았는데, 신시(申時: 오후 4시 전후)에 반혼(返魂: 신주를 다시 집으로 모시는 일)하였다.

군우(君遇: 정희열)와 함께 생곡리(生谷里)의 서당(書堂)에 도착하여 묵었다. 예산 현감(禮山縣監) 신응세(辛應世)가 마침 와서 다정히 이야기를 나누었다.

---

39 협주: 김우윤(金友尹)의 아내이다.

5일.

도청(都廳)에 들어가 일제히 모였는데, 주관(主官: 영광군 군수)이 소모사(召募使)의 일로 죄 받는 것을 위로하였다. 끝나고 청중(廳中)에 누웠는데, 찬바람을 쐬며 나다닌 데다 추위를 무릅쓰며 숙직하려니 가슴과 허리의 통증이 한꺼번에 몰려오고 천식의 증세가 또한 극심하여 형편이 나를 지탱하기 어려울 것 같았다.

14일.

선친의 묘소를 찾아가서 성묘하고 산지기 순량(順良)으로 하여금 봉분 구역 안에 쌓여있는 눈을 쓸어 없애도록 한 뒤 들어왔다.

15일.

일전에 나누어 배정한 의곡(義穀)을 거둔 것이 겨우 10석을 채웠고, 영광성 지키는데 쓸 양식으로 덜어놓은 것이 10석이었으니 합계 20석이었다. 여덟 마리의 말과 10명의 인부로 하여금 남원(南原)에 운송하게 하였는데, 곽재우(郭再祐)의 의병군이 있는 곳으로 운반하도록 하고 아울러 답하는 편지도 부쳤다.

16일.

김회(金回) 집에 도착하여 정건(丁鍵: 정희맹의 차남)의 막내딸이 아프다는 소식을 들었는데, 집에 이르니 이미 죽고 말았다. 참혹하고 가여웠지만, 그 큰 아들(정건의 장남 丁濟元)만이라도 회복되었다니 다행스러웠다.

영남으로 양식을 운반할 때 우리 집의 말을 가지고 갔다. 아이들의 말을 듣자니 근래에 병이 생겨 이제야 나았지만 반드시 먼 곳에 갈 수 있는 것은 아니라고 하였다.

정익(丁釴)이 여러 날의 과제로 읽어야 할 책을 연이어 읽고 있어서 가상하였다.

19일.

도청(都廳)에 들어갔다.

21일.

새벽에 이거(李琚)·류광형(柳光亨)이 들어와서 말하기를, "마을마다 두루 다녔는데 인가가 텅 비어있고 눈에 가득한 것들이 쓸쓸하였으며 군사로 거느릴 사람이 많지 않다."고 하였다.

24일.

최 의병소(崔義兵所: 최경회 의병군)[40]에서 보낸 관문(關文: 공문서)이

---

40 협주: 경회(慶會)의 군중(軍中)이다.

도착했는데, 의병이 도착하지 않은 것을 재촉하였다. 우리집의 노비 풍금(風金)도 또한 그 속에 들어 있어서 의아스러웠다. 그 놈이 집에 돌아오지 않았는데 또 종군하지 않았다니, 도중에 병이 나서 드러누운 것인가. 결코 도망할 리가 없기 때문이다.

류엄(柳淹)도 역시 비밀히 군정(軍丁: 군역의 의무를 진 장정)을 잡아 가는 일을 알리러 들어와서 말하기를, "마을이 텅 비어있어서 군정(軍丁)을 찾을 수가 없다."고 하였다.

25일。

듣건대 공주(公主)도 또한 왜적에게 사로잡혔다고 하니, 어찌 그렇게 되도록 하였단 말인가. 울분에 사무치고 울분에 사무쳤다.

고창 현감(高敞縣監) 정경우(鄭慶遇: 鄭雲龍)가 차원(差員: 파견 관리)으로서 영광군에 도착하였는데, 사람을 시켜 문안인사를 하였기 때문에 답례로 말하였다.

"바야흐로 지금 나랏일이 회복되는 것은 단지 의사(義士)들이 정성을 쏟는 것의 경중에 달려 있소이다. 각자가 애써 노력하여 나라의 위태로움을 구해 회복하는 것이야말로 어찌 우리들의 일이 아니겠소이까?"

27일。

수영(水營)에 있는 관리들의 말을 들으니 왜선 100여 척이 또 제주(濟州) 앞바다에 도착했다고 하였다. 그렇다면 어떻게 가솔들을 보전할 수 있을 것이랴. 한 가족이야 그만두더라도 국가의 회복은 기약이 없으니 걱정스러워 번민하였다.

28일。

정경(丁鏡)이 들어오고, 이극부(李克扶)·오귀영(吳貴英)·오윤(吳玧)· 류영해(柳永海)·이효안(李孝顔)·이극양(李克揚) 등이 또한 들어와서 온종일 활쏘기를 시험하였다.

29일。

최희윤(崔希尹)·이희룡(李希龍)·김찬원(金贊元)·이효민(李孝閔)· 김춘수(金椿壽)·김경(金慶) 등이 들어와 또 군사들을 점고하기 위해서 성을 돌았다.

정건(丁鍵)이 와서 말하기를, "별좌(別座)[41]의 형수씨가 생곡리(生谷里)에 있는 서당에 도착했는데, 그날 저녁에 부주의로 불을 내었지만 간신히 껐습니다."라고 하였다.

---

41 협주: 성명은 밝히지 않는다.

계사년(1593)

1일.

여러 아들들과 조카들이 모두 찾아와서 만났다. 오후에 조부의 묘소에 가서 제사를 올렸는데, 제사에 참여한 사람은 군우(君遇: 정희열, 丁琦의 3자)·대수 3형제(大壽三兄弟: 정대수·정철수·정미수, 丁瑗의 아들들)·정석수(丁石壽: 丁琦의 5자)뿐이었고, 중택(仲宅: 丁瑗)[1]이 다음해 제사 준비를 할 차례이다. 또 증조부의 묘소에 가서 제사를 올렸고 정경(丁鏡: 정희맹의 1자)이 다음해 제사 준비를 할 차례이다. 또 부모의 묘소에 가서 제사를 올렸고 정건(丁鍵: 정희맹의 2자)이 다음해 제사 준비를 할 차례이다.

2일.

도청(都廳)에 들어가니 여러 임원들이 모두 자리를 비우고 있지 않았는데, 즉시 군노(軍奴)에게 영을 내려 돌아오도록 재촉하게 하

1　협주: 생원공(生員公) 집이다.

였다. 이날 밤에 류광형(柳光亨)·이거(李琚)·이형(李珩) 등이 군노 10
여 명을 이끌고 곧장 성안으로 들어왔다. 성안의 사람들이 놀라서
소란스러웠으니, 즉시 밤중에 놀라게 한 죄로써 곤장을 대신 류노
(柳奴)[2]가 맞았고, 밤을 틈타 사람을 들인 죄로써 곤장을 대신 이노
(李奴)[3]가 맞았다.

3일。

도별장(都別將) 이하의 임원들이 들어가 주관(主官: 고을 수령)을 만
났다. 다만 한여경(韓汝璟)·이유인(李惟認)·김광선(金光選)·김정식
(金廷式)·정여기(丁汝璣)·정구(丁久) 등이 불참하였기 때문에 벌을
주었다.

10일。

정진(丁鎭) 조카가 와서 대학(大學)을 나에게 배웠다.

11일。

들건대 왜적의 무리들이 온 나라 안에 널리 가득했으나 다만 충
청도(忠淸道)와 전라도(全羅道)만 조금 편안하다고 하였다. 부역(賦

---

2   협주: 류광형(柳光亨)의 노비이다.
3   협주: 이희익(李希益)의 노비이다.

役)이 번다하고 심하여 백성들이 제대로 살아갈 수가 없고, 사족(士族: 사대부)의 형제와 아들과 조카들까지 남김없이 종군하였다. 한 사람도 버텨낼 수 없으니 성을 지키고 군량을 운반하는 일들을 어떻게 해야 할지 걱정으로 마음이 어지러워짐을 말할 수가 없다.

14일。

들건대 생질(甥侄) 김인흡(金仁洽)·김인개(金仁漑)가 각자 그 처자식을 거느리고 내려온다고 하니, 어디서부터 이리저리 떠돌다가 살아 돌아오는지 알지 못하지만 기쁘기 그지없었다. 또 들건대 신경진(辛慶晉)이 처자식을 찾은 데다 당상관의 후보자로 추천되었다고 하니 더욱 다행스러웠다.

22일。

신예산(辛禮山: 예산 현감 신응세)을 방문하여 류습독(柳習讀: 柳宗禮)[4]의 누이를 만나 들건대, 류사수(柳士受: 柳益謙)의 집에 도착하니 김여응(金汝膺: 金泰福, 류익겸의 손녀사위)의 아내가 난산(難產)이었기 때문에 백약을 써도 아무런 효험이 없어 끝내 세상을 떠났다고 하니 가련하였다. 정경(丁鏡)이 들어와 머무르며 상(喪)을 치렀다.

---

4   협주: 이름은 밝히지 않는다.

24일。

도청(都廳)에 들어가니, 주관(主官: 고을 수령. 남궁 견)의 파직 장계(罷職狀啓)가 도착하여 여러 임원들 모두가 들어와 위로하였다.

▌2월

2일。

들건대 명나라 장수가 진군하여 평양성(平壤城)을 포위한 지 3일 만에 점령했다고 한다. 지난해 명나라 군대가 불리했을 때, 사 유격(史遊擊)[5]은 죽었고 조 총병(祖總兵)[6]은 겨우 목숨만 건져 돌아가며 거짓으로 지어내어 말하기를, "우리나라 군대가 왜적을 도와서 패배에 이르렀다."고 하자, 조정에서 또 대신을 파견하여 억울함을 밝혔다. 황제(皇帝: 명나라 神宗)가 마침내 제독(提督) 이여송(李如松)[7]을 파견했는데, 10만 명을 거느리고 지난해 12월에 강(江)[8]을 건너서 올해 1월에 드디어 대첩을 거두었다고 한다.[9]

---

5 협주: 유(儒)이다.
6 협주: 승훈(承訓)이다.
7 협주: 성량(成樑)의 장남이다.
8 협주: 압록강(鴨綠江)이다.
9 협주: 도원수(都元帥) 1명, 대장(大將) 4명, 유격장(遊擊將) 40명, 위부장(衛部將) 2천 명, 포수(炮手) 2천 명, 포차(炮車) 3천, 군량(軍糧) 8만 석, 마초(馬草) 12만 바리라고 한다.

    제독(提督)   이여송(李如松)

부총병(副總兵)	이여백(李如栢)·양원(楊元)
	장세작(張世爵)
제독 중군 참장(提督中軍參將)	방시춘(方時春)
의주위 참장(義州衛參將)	이여매(李如梅)
통령계진 참장(統領薊鎭參將)	이방춘(李方春)
유격(遊擊)	방시휘(方時輝)
도사(都事)	왕문(王問)
남병 유격(南兵遊擊)	주홍의(周弘誼)
대동 유격(大同遊擊)	고승관(高昇寬)
위부총병(衛副摠兵)	종양정(終養正)
원임 부총병(原任副總兵)	손수렴(孫守廉)·왕유정(王惟貞)
	조승훈(祖承訓)·왕유익(王有翼)
	오희근(吳希謹)·뇌대수(賚大受)
원임 참장(原任參將)	마상지(駱尙志)·장응신(張應神)
	양소선(楊紹先)·곽몽징(郭夢徵)
	소국부(蘇國賦)·대조변(戴朝弁)
원임 유격(原任遊仟)	척전(戚全)·왕승은(王承恩)
	난방만(蘭方萬)·진방철(陳方哲)
	장기공(張奇功)·심유경(沈惟敬)
	갈봉(葛蓬)·이여회(李如檜)
	종양중(終養中)
	호란(胡鸞)·조지목(趙之牧)
	전세정(錢世禎)
시랑중 유격(侍郎中遊仟)	이령(李寧)
진정 유격(眞丁遊仟)	조문명(趙文命)
보정 유격(保丁遊仟)	양심(梁心)
섬서 유격(陝西遊仟)	고징(高徵)
산서 유격(山西遊仟)	시조경(施朝卿)
원임 도사(原任都事)	왕필적(王必迪)·오몽표(吳夢豹)
	누대유(累大有)·이진중(李陳中)
제독 연사(提督掾史)	전학이(錢學易)·자달춘(紫逢春)
	후예축(候禮祝)·천세과(千世科)
	모대(毛大)·유조포(劉朝晡)

4일.

구관(舊官: 전임관)을 가관(假官: 임시 관원)으로 교대하는 일 때문에 나가서 성 밖의 장세(張世) 집에 머무르는데 여러 임원들이 찾아와서 만났다.

10일.

여러 임원들은 도청(都廳)에서 다시 맹세하며 말했다.

"방금 주관(主官: 고을 수령)이 또 교체되어 고을에는 통할하고 관장할 사람이 없더라도 성 지키는 것을 조금이라도 늦출 수가 없으니 여러분들은 더욱 더 힘쓰고 애써서 처음부터 끝까지 한결같았으면 좋겠소이다."

강태(姜泰)·이곤(李琨)이 신병 때문에 불참하였다.

11일.

들건대 탁경(卓卿: 金嶸의 장남, 정희맹의 생질)이 순천(順天)에서 올라와 외간리(外間里: 五龍洞)에 머문다고 하였기 때문에 나가보았는데,

---

	송숭로(宋崇老)·황정(黃情)·유은(劉恩)
	왕여회(王如會)·장교송(張喬松)
흠차경략부장 시랑(欽差經略兵部侍郞)	송응창(宋應昌)
병부 원외랑(兵部員外郞)	유황상(劉黃裳)
병부 주사(兵部主事)	원황(袁黃)

처자식과 부녀자 모두 화를 면하고 살아 돌아와 한 곳에 함께 모여
있으니 천행이라 할 수 있었다. 다만 한 집에서 생활해야 할 식구가
많아졌으니, 어떻게 잘 기를 수 있을지 이것이 염려스러웠다.

두루 살펴본 채 고창(蔡高敞)[10]이 도청(都廳)에 들어왔다.

14일。

탁경(卓卿: 金嶸의 장남, 정희맹의 생질)·김인흡(金仁洽: 정희맹의 생
질)·정경(丁鏡) 등이 찾아왔다.

15일。

명나라 장수[11]의 자문(咨文)[12] 및 주상의 교서(敎書)[13]를 보았는데,

---

10 협주: 복(復)이다.
11 협주: 유직방(劉職方)이다.
12 참고: "그대 나라는 본래 문물(文物)이 돈후하고 대대로 충정(忠貞)이 독실하였는데,
   근래에 왜이(倭夷)가 무도하게 멀리서 침입하여 잠식하였으므로 군신이 초야에서
   생활하며 떠돌아다니니 얼마나 곤궁하겠습니까. 우리 대명 황제(大明皇帝)께서는
   그대 나라에서 2백 년 동안 신하의 절개를 정성스럽게 지킨 것을 생각하여 만금(萬
   金)의 비용을 아끼지 않고 장수에게 명하여 정벌하게 하였습니다. 그대 나라 사람들
   중에 어찌 종척(宗戚)으로 중대한 위임을 받아 충분(忠憤)으로 노심초사할 이가 없겠
   으며, 어찌 고을을 맡은 관원으로 지방을 지키며 강개(慷慨)하게 목숨을 버릴 자가
   없겠으며, 어찌 군주가 근심하면 신하가 욕을 당한다는 생각을 품는 충신이 없겠으
   며, 어찌 몸을 버려 국가에 보답할 뜻을 일으키는 의사(義士)가 없겠습니까. 의당
   하늘의 위엄이 진동하는 시기를 타서 빨리 의병(義兵)을 불러 모아 각기 일려(一旅)
   의 군사를 거느리고 함께 정벌하는 뜻을 펴게 하십시오.
      지금 왜이(倭夷)가 왕성하고 강하지만 그 형세가 반드시 망할 것이며 그대 나라는
   미약하나 그 형세가 반드시 흥할 것이니 시험 삼아 서로 헤아려 보겠습니다. 먼저

천도(天道)를 논한다면 조선(朝鮮)은 분야(分野)가 석목(析木)의 성좌에 속하는데, 지난해에 목성(木星)이 인방(寅方)의 궤도로 순행하였는데도 일본이 침략하여 왔으니, 이는 우리가 득세하는 해인데 지들이 침략한 것으로 천도를 거스르고 행하는 것이니 아무리 강하더라도 약한 것이 첫째입니다. 왜구는 추위를 두려워하는데 금년은 궐음(闕陰) 풍목(風木)이 사천(司天)하고, 양명(陽明) 조금(燥金)이 초기(初氣)가 되어 입춘(立春) 후에도 오히려 20~30일은 찬 기운이 사라지지 않을 것이니 천시(天時)를 이용할 것이 둘째입니다. 그대 나라 군신이 모두 이 성에 모였는데 새벽에 일어나 기(氣)를 바라보니 울울총총하여 누인 베나 일산과 같았습니다. 왕기(旺氣)가 우리에게 있으니 형세가 반드시 회복될 것이 셋째입니다.

다음 인사(人事)를 논해 보겠습니다. 우리 대국의 군사는 씩씩하기가 호랑이와 곰 같으며, 대적할 것이 없는 대포는 한번 쏘면 천보(千步)나 나가는데 저들이 그 힘을 헤아리지 못하고 의당 가루가 될 것이 첫째입니다. 송 경략(宋經略)의 침착한 기략과 풍부한 책모는 귀신도 측량하기 어렵고, 이 제독(李提督)은 마음이 충의(忠義)로 가득 차 백번 싸우고 남은 용맹이 옛날 명장(名將)의 풍도가 있는데, 2인이 본래 충의와 정절을 가지고 마음을 함께 해서 협찬하며 이 적을 섬멸하여 천자에게 보답하기를 맹세하였으니, 두 나라의 군사를 합하여 이 궁한 귀신들을 몰아붙이면 추풍낙엽에 불과할 것이 둘째입니다. 관백(關白)이 억세고 포학하여 위로 상을 위협하고 아래로는 그 무리들을 모질게 부리므로 하늘이 그를 망하게 하려고 하여 실로 우리에게 손을 빌린 것이 셋째입니다. 어제 국왕(國王)을 뵈었는데 거동이 안존하고 자상하며, 아름다운 모습이 뛰어나니 형세가 틀림없이 중흥할 것이며 그대 나라에서 앞서 파견한 여러 사신이 우리나라에 군사를 청하면서 성의가 간절하여 눈물을 줄줄 흘려 신포서(申包胥)가 초(楚)나라에서 운 것과 비슷하였으니 군신이 이와 같은데 어찌 끝까지 곤궁한 데 빠지겠습니까. 순리(順理)로써 역리(逆理)를 토벌하는데 무슨 공인들 성취하지 못하겠습니까. 이것이 넷째입니다.

왜노들이 믿는 것은 오직 조총(鳥銃)입니다. 그러나 세 발을 쏜 뒤에는 즉시 계속 쏘기 어렵고 그들의 군사가 비록 많기는 하나 굳센 자가 거의 없어 앞줄의 1~2백 명만 죽이면 나머지는 모두 바람결에 도망할 것이니, 이것은 모두 이길 만한 기회이며 바로 지사(志士)가 공을 세울 때입니다. 우리 조정에서 영(令)을 낼 때에 우리나라와 그대 나라를 논할 것 없이 누구든지 평수길(平秀吉)·평수침(平秀沈) 및 중 현소(玄蘇)를 사로잡거나 죽이는 자가 있으면 한 명당 상(賞)으로 은(銀) 1만 냥(兩)과 백(伯)으로 봉(封)하여 세습시키고, 평수가(平秀家)·평수충(平秀忠)·평행장(平行長)·평의지(平義智)·평진신(平鎭信) 등 유명한 제추(諸酋)를 사로잡거나 죽이는 자는 한 명당 상으로 은 5천 냥과 대대로 지휘사(指揮使)로 삼으며, 그 이하를 사로잡는 모두 의기를 격동시켜 왜적을 베라는 뜻을 내린 것이었다.

16일。

또 주상의 교서(敎書)[14]를 보았는데, 각기 군량미를 준비하여 명나라 군대를 기다리라는 뜻을 내린 것이었다.

18일。

집으로 돌아와 안손(安孫)·장동(長同)으로 하여금 군량미를 집의 소에다 싣게 하여서 남원(南原)[15]에 보냈고, 또 노비 개산(介山)·애종(愛終)으로 하여금 짊어지게 하여 양천(陽川)[16]에 보냈다. 하루 안에 두 곳으로 나누어 보내려니 형편이 비록 감당하기 어려웠지만, 성상의 교서가 내려졌는데 어찌 가만히 앉아서 지켜보기만 하며

자에게도 각각 상을 주는 규정이 있으니 그대 나라 신민들은 때를 잘 타서 군중들을 규합하여 함께 큰 공을 세우면 본국의 사직(社稷)을 회복할 수 있고 또 천자(天子)의 후한 상을 받을 수 있을 것이니, 쇠약해진 나라의 남은 백성들로 집안을 일으키는 시조(始祖)가 된다면 어찌 쾌하지 않겠습니까? 이에 자문(咨文)으로 청하니 모름지기 빨리 각도의 신민에게 전하여 보이고 의병을 이미 일으킨 자는 곧 전진하고, 일으키지 않은 자는 빨리 불러 모아 협력하여 그들의 위세를 꺾거나 번갈아 출병하여 그들의 세력을 분산시키거나 그들이 지쳐 돌아가는 것을 요격하거나 그들의 군량을 운반하는 길을 차단하거나 하는 등 여러 곳의 기의(機宜)를 모두 스스로 편리한 대로 조처하십시오."(《선조실록》 1593년 1월 7일. 국사편찬위원회 제공 번역문 인용)
13 협주: 정월 7일에 내린 것이었다.
14 협주: 정월 8일에 내린 것이었다.
15 협주: 의병소(義兵所)이다.
16 협주: 방어소(防禦所)이다.

돌아보지 않을 수 있으랴. 즉시 도청(都廳)에 들어갔다.

22일。

이문원(李聞遠)의 부음(訃音)을 듣고서 별장(別將)을 비롯한 군자들이 모두 나갔다.

28일。

체찰부(體察府)에서 구관(舊官: 전임자)을 종전대로 임명하였고, 명나라 장수가 거침없이 물리치고 쳐들어가는 기세를 이미 보인 데다 왜적의 병사들은 물러나 웅크리고 있다는 소식을 들었기 때문에 성을 지키는 일을 파하였다.

▌3월

5일。

탁경(卓卿: 金嶸의 장남, 정희맹의 생질)의 식솔들이 외간리(外間里: 五龍洞)에서 와 용산(龍山)에 살았다.

12일。

듣건대 신임 주관(新任主官) 신상절(申尙節)이 떠났다고 한다.

▌4월

5일。

들건대 왜적이 영남(嶺南)으로 퇴각하여 진을 치고 머물러 있으면서 떠나지 않았지만, 명나라 군대도 또한 기꺼이 전진하여 공격하려 하지 않는다고 하니 답답하였다.

▌5월

20일。

명나라 병부 시랑(兵部侍郎) 송응창(宋應昌)이 좌의정(左議政) 윤두수(尹斗壽)에게 답한 편지를 보았는데, 급박하게 하려고 하지 말고 확신을 가졌을 때 천천히 도모해야 한다는 뜻을 회신한 것이었다. 그 편지를 보니, 우리들의 마음을 먼저 정하고 한결같이 명나라 장수의 지휘를 따른다면 어찌 후환이 있겠는가.

26일。

밤에 막내딸이 태어났는데, 순산하여 다행이었다.

▌6월

8일。

창평(昌平)의 중숙(仲叔)[17]의 부음[18]을 듣고 비통함이 절절했지만, 군량을 운송한 말이 아직 돌아오지 않았기 때문에 가서 곡할 수가 없다.

▌7월

7일。

들건대 진주(晉州)의 성이 함락되어 창의사(倡義使) 김천일(金千鎰)이 그의 아들 상건(象乾)·종사관(從仕官: 從事官) 양산숙(梁山璹) 등 여러 사람들과 함께 같은 날에 순절했다고 하니, 참담하고 놀라움을 이길 수가 없었다. 진주가 이전에는 성을 지켜 보전했다고 하였거늘, 지금 어찌하여서 함락되었다는 것인가. 그렇다면 왜적이 비록 궁하여 움츠리고 있을지언정 남은 기세가 아직까지 여전하다는 것이다. 만약 이와 같은 줄 알았다면, 성 지키기로 했던 맹약을 거두어들인 것이 어찌 경솔히 서두른 것이 아니겠는가. 비록 그러하지만 한번 해산한 후에는 다시 설치하기가 어려우니 어찌 하겠는가.

---

17 협주: 외숙(外叔)이다.
18 협주: 5월 29일에 변고가 일어났다.

8일。

노비 개산(介山) 등이 경상도(慶尙道)로부터 말을 이끌고 살아 돌아왔으니 다행이었다. 지금 우리나라가 믿을 것은 명나라 군대이지만 기꺼이 전장에 나아가려 하지 않았다. 왜적은 스스로 진양(晉陽: 진주)을 함락시키고도 동래(東萊)로 물러갔다고 하니 그 계략을 헤아리기가 어려웠다.

8월

7일。

황제(皇帝)의 통문(通文)을 보니, 신분의 높고 낮음에 관계없이 사람은 융복(戎服) 및 속옷의 소매를 모두 좁게 하고, 금군(禁軍: 친위군) 이하 공사천(公私賤: 관청과 사삿집의 노비)은 갓을 벗고서 전립(氈笠: 털모자)과 소모(小帽: 감투)를 쓰고 좁은 옷을 입고 오라는 것이었다.

9월

1일。

처음으로 계하(啓下)에서 운운한 것에 대한 전교(傳敎: 임금의 뜻)를 받들었다.

8일。

목욕재계하였다.

9일。

아버지의 기제사(忌祭祀)를 지냈는데, 제사에 참여한 이는 정경(丁
鏡)·정건(丁鍵) 아들·정일(丁鎰) 조카, 김인흡(金仁洽)·인개(仁漑)·인
택(仁澤) 생질들이었다. 매제 및 류오(柳澳: 정희삼의 사위)의 아내들이
어제 이미 왔다가 오늘 저녁에 각자 돌아갔다.

11일。

김여응(金汝膺: 金泰福, 류익겸의 손녀사위)이 와서 말하기를, "왜적
들이 거창(居昌) 이하 여러 고을에 두루 퍼져 있으면서 주둔하여 떠
나지 않았다."고 하였다.

15일。

할아버지 묘소에 제사를 지냈는데, 정용(丁鎔) 생질이 다음해 제
사 준비를 할 차례이다. 제사에 참여한 이는 군우(君遇: 정희열), 정
경(丁鏡) 형제, 정대수(丁大壽) 3형제, 방대(方大)[19]뿐이었다.
　오후에 아버지 묘소에 제사를 지냈는데, 제사에 참여한 이는 정

---

19 협주: 이름은 밝히지 않는다.

경 형제와 김인택(金仁澤)뿐이었다.

저녁에 정구(丁久)가 와 머물렀는데 선양정(善養亭)에서 달구경을
하였다.

▌10월

15일。

주상이 도성으로 돌아왔다고 하는 소식을 듣고서 기뻤는데, 신
민(臣民)의 다행으로 더할 수 없을 만큼 컸다.

▌11월

12일。

주관(主官: 고을 수령, 영광 군수)이 우리들 아무개 아무개를 포군
별유사(捕軍別有司)로 차출하고 수색해 잡아오도록 재촉하면서, "만
일 혹시라도 힘쓰지 않으면 정녕코 죽으리라."고 하였는데, 황공하
였지만 맡지 않았다.

들건대 왜적들이 동래(東萊)에 주둔해 있기 때문에 명나라 군사
들이 또한 아래 지역으로 내려갔다고 하였다.

▌윤11월

15일。

들건대 명나라 군대가 철수해 되돌아간다고 하는데, 남은 왜적들을 누가 능히 없앨 수 있으랴. 우리 전라도(全羅道)의 의병장 중에는 단지 김덕령(金德齡) 한 사람만 있는데, 지혜와 용맹이 뛰어나 온 나라 사람들이 장군(將軍)으로 일컬으니 혹시라도 큰 공훈을 세울 수 있으려나?

주관(主官: 고을 수령) 신상절(申尙節)이 파직되었다.

▌12월

20일。

들건대 동궁(東宮: 광해군)이 전주(全州)에 머물면서 과거를 실시하여 인재를 구했는데, 문과(文科)는 윤길(尹晧)·곽운개(郭雲愷: 郭雲立의 오기)·심열(沈悅)·김홍우(金弘宇)·박효성(朴孝誠)·이심(李愖)·강항(姜沆)·이진선(李振先) 등 8명이 뽑혔고, 무과(武科)는 그 수를 알 수가 없었지만 우리 영광군의 30여 명도 역시 급제하였다고 한다.

갑오년(1594)

▌정월

1일。

아버지 묘소에 제사를 지냈고, 낮에는 할아버지 묘소에 제사를 지냈으며, 오후에는 증조부 묘소에 제사를 지냈는데, 제사에 참여한 이는 단지 우리 3부자뿐이었고 여러 동생들과 조카들이 모두 참여하지 않아 가증스러웠다.

2일。

인산(茵山)에 올라가는 박근이(朴近而)[1]를 전별하였는데, 고모부의 사위이다. 습독(習讀: 柳宗禮)의 누이 및 신예산(辛禮山: 예산 현감 신응세)을 두루 만나보고 돌아왔다.

김 영암(金靈巖: 영암군수 김성헌)[2]이 파직되었다는 기별을 듣고, 정경(丁鏡)을 보내도록 하였다.

---

1   협주: 지원(知遠)이다.
2   협주: 성헌(聲憲)이다.

3일。

노비 개산(介山)·춘손(春孫) 등이 군량을 싣고 경상도(慶尙道)를 향해 출발하였다.

새 달력을 미처 구하지 못하여 단력(單曆: 달력)을 베껴 써서 보려니 개탄스러웠다. 군우(君遇: 정희열)도 주지 않고 용석(用錫: 신경진의 字)[3]도 역시 보내지 않은 것은 세상이 어지러워서 빚어진 것이니, 어찌 하겠는가.

---

3   협주: 신경진(辛慶晉)이다.

행장

임육(任焴)

우리 선조(宣祖) 시대에 고산 처사(孤山處士)가 있었으니, 성은 정씨(丁氏), 이름은 희맹(希孟), 자는 호연(浩然)으로 온 전라도에서도 일컬어지는 출중한 선비였다.

덕성(德盛)이란 분이 있었으니, 당나라 선종(宣宗) 때 상국(相國: 재상)이었지만 대중연간(大中年間) 동쪽으로 신라(新羅)의 압해군(押海郡)에 귀양 보내졌다가 죽어서 장사지냈는데, 후에 압해군이 영광(靈光)에 소속되어 그 후손들이 그대로 영광을 본관으로 삼았다. 8대조 찬(贊)이란 분은 고려(高麗)에 벼슬하여 선력좌리정란공신(宣力佐理靖亂功臣) 도첨의사(都僉議使) 영성군(靈城君)이었는데, 우리 태조(太祖: 이성계) 때 영의정에 추증되었다. 고조부 숙(淑)이란 분은 생원이 된 뒤 곡성 현감(谷城縣監)을 지냈다. 증조부 석필(碩弼)이란 분은 사헌부 감찰(司憲府監察)과 무주 현감(茂朱縣監)을 지냈다. 조부 세광(世光)이란 분은 생원이 된 뒤 만경 현령(萬頃縣令)을 지냈다. 부친 순(珣)이란 분은 생원으로 지극한 효성이 있었다. 모친 광산김씨

(光山金氏)는 참봉(參奉) 창노(昌老)의 딸이다.

가정(嘉靖) 15년인 우리 중종(中宗) 병신년(1536) 3월 16일 자시(子時: 밤 0시 전후)에 영광 오룡동(五龍洞)에서 공(公)을 낳았다. 모친 광산김씨가 공(公)을 임신하고서 꿈에 청의도사(靑衣道士)가 흰 조랑말을 타고 와 자줏빛 꽃 한 송이를 주었다. 모친이 놀라고 기뻐하며 깼는데, 그달로부터 아이를 배어 공(公)을 낳은 것이다. 처음 태어나면서 왼쪽 가슴에 붉은 점이 있었는데 그것이 지화(芝花)와 같았기 때문에 이름을 몽지(夢芝)라고 하였다.

공(公)의 사람됨은 기질이 맑고 고왔으며 용모가 단정하고 민첩하였으니, 아주 어려서부터 행동거지가 이미 어른 같은 풍모를 지니고 있었는바 조금이라도 예의가 아니면 비록 어른이라 할지라도 바로 그것을 지적하여 말하였다. 8세 때는 소나무와 대나무에 대해 읊었으니, 이러하다.

> 소나무는 고사의 지조를 지니고   松有高士操
> 대나무는 군자의 풍모를 띠었네.   竹帶君子風
> 만약 굳세고 맑은 절개를 안다면   若知勁淸節
> 응당 백설 속에 있음이 옳으리라.   應是白雪中

이 시를 들은 사람들은 이미 절개가 있음을 알았다.

을묘년(1555) 봄, 사마시(司馬試)에 응시하여 위격(違格: 과거의 과목마다 정해진 형식에서 어긋남)이라면서도 선발되자, 이 뒤로 영영 과

거 공부는 그만두고 오로지 학문을 위한 공부에만 마음을 쏟았다. 경신년(1560) 청송(聽松) 성 선생(成先生: 成守琛)의 문하에서 학문을 배웠는데, 학업을 배우며 애써 익히고 마음을 가라앉히며 힘써 실천하여 위기(爲己: 자기에게 구하는 것. 위기지학)와 위인(爲人: 밖에서 구한다는 것. 위인지학)의 구별을 꿰뚫어 볼 수 있었으나 갑자기 병이 들어 학업을 미처 마치지 못하고 돌아왔다. 이로부터 은거하여 책을 읽었는데, 성현의 위풍(威風)을 사모하여 넓게 배우고 힘써 행하여서 성취가 있기를 기약하였다. 또한 옛사람들이 학문한 차례를 따라 읽고자 하였으니, 먼저 《소학(小學)》·《대학(大學)》과 《논어(論語)》·《맹자(孟子)》를 읽고 마침내 《심경(心經)》·《근사록(近思錄)》 등 여러 서적에 이르기까지 읽고서 이윽고 강령(綱領)과 종지(宗旨)를 알고 나서는 도의(道義)를 끝까지 연구하였다. 또 주자(朱子)의 학규(學規)에 의거하여, 본원(本源)을 함양(涵養)하는 것으로써 덕으로 나아가는 기반을 삼고 성리(性理)를 탐구하는 것으로써 학업을 익히는 근본을 삼아 밤낮을 쉬지 않았으며, 글이나 외고 시문(詩文)이나 짓는 것과 자신 밖에서 일어나는 일의 번잡하고 화려한 것에는 더욱 담담하였다.

항상 말했다.

"사람이 어버이를 섬기는 것이나 임금을 섬기는 것이 동일하니, 어버이를 사랑하는 사람은 반드시 임금을 사랑하나니라."

또한 말했다.

"사람이 사람됨은 오직 충효일 따름이니, 이것 외에 다시 무엇을 구할 것이 있겠는가?"

그의 돈독한 충효는 타고난 본성이 그러하기 때문이다.

임진년(1592) 4월에 섬 오랑캐가 쳐들어와 대가(大駕)가 도성을 떠나게 되자, 공(公)이 북쪽을 바라보고 통곡하며 말했다.

"나라의 형세가 장차 위태로운데도 남쪽 지방에서는 근왕병(勤王兵)이 전혀 없으니, 이것이 어찌 신하된 자의 도리겠는가?"

두 아들 정경(丁鏡)과 정건(丁鍵)에게 화살 통을 매고 종군하게 하였는데, 부인이 울면서 이를 말리자, 공(公)이 말했다.

"이처럼 혼란하고 어수선한 때를 맞아 어찌 자기 몸을 아끼려고 나라를 잊을 수 있단 말이오? 이는 아녀자의 알 바가 아니오."

헤어져야 할 길에서 울며 훈계하여 말했다.

"온 하늘 아래가 왕의 땅 아닌 곳이 없으며 온 땅의 물가에 이르기까지 왕의 신하 아닌 자가 없다 하였으니, 너 또한 조종조(祖宗朝: 왕의 선대)가 남긴 백성일러라. 나라가 망하고 임금이 욕을 당하는 이때를 맞아서 어찌 몸을 지키고자 도망쳐 살려고 우리의 종묘사직을 잊어서야 되겠느냐? 너희들은 부모를 염려하지 말고 죽는 것을 집으로 돌아가는 것과 같이 여기어라. 이것이야말로 신하된 자로서 충과 의에 그치게 되는 것이리라."

6월에 제봉(霽峯) 고경명(高敬命)이 의병을 일으켰다는 소식을 듣고서 온 고을에 격문을 띄워 의병을 모집하고 의곡(義穀)과 화살대

[箭竹]를 거두어 광주(光州)로 보냈다. 9월에 영광 군수(靈光郡守) 남궁 견(南宮晛)이 교체되어 떠나자, 고을에 책임자가 없어지니 인심이 무너지고 흩어져 아침저녁 사이도 보전하기 어려운 형국이었다. 그럼에도 주상 및 왕세자의 교문(敎文)이 행재소로부터 도착했는데, 글의 뜻이 간절하니 공(公)이 받들어 다 읽기도 전에 뜰에 나가 통곡하며 말했다.

"멀리 초야에 있는 데다 몸이 또한 질병까지 있어 화살을 쏘고 돌멩이를 던지는 수고조차 바치지 못하니, 몹시 분하고 마음이 아프기 그지없다."

그리하여 손가락을 깨물어 스스로 맹세하고 말했다.

"만약 수수방관하여 왜적이 호남의 고을들을 함락시킨다면, 살아있는 백성들이 어육(魚肉)처럼 짓밟혀 죽임을 당할 것은 거론할 것이 못 되고 전쟁 중인 나라에 군량(軍糧) 대는 것을 어떻게 계속 이어질 수 있으랴?"

그리고 격문(檄文)을 온 영광군에 띄워 말했다.

"삼가 생각건대 우리 영광군은 수양성(睢陽城)이 강회(江淮)의 보루였던 것처럼 호남 땅의 바닷가 요충지이니, 만일 혹시라도 지키지 못하여 갑자기 군량을 대는 길이 끊긴다면 이는 실로 국가의 존망이 걸린 위급한 사태라고 할 것이오. 바야흐로 지금 관청에는 주장하는 수령이 없어서 군대의 동정이 심히 동요하니, 성을 굳게 사수하고 군량을 배로 실어 나르는 것이 지금 무엇보다도 먼저 서

둘러 해야 할 일이오."

그리하여 뜻을 같이하는 선비들을 규합하고 오성관(筽城館)에서 모여 바야흐로 일을 의논하였다. 의견이 갑(甲)과 을(乙)로 나뉘자, 공(公)이 발끈하며 말했다.

"오늘의 거조(擧措)는 입신양명(立身揚名)을 위한 일이 아니고 나라를 위해 죽기로 결심하는 계책을 세우는 것이니, 여러분들은 부디 사달을 일으키지 마오."

이응종(李應鍾)·강태(姜泰)·이홍종(李洪鍾)·강항(姜沆) 등 50여 명과 피를 입에 바르며 같이 맹세하고 성을 지키는 계획을 세우도록 주창하여 부서(部署)를 나누고 대열(隊列)을 정돈하니, 각각 저마다 조리가 있었다. 고립된 성을 지키려는 절박한 심정으로 몸을 바치기로 각오하니, 충성심과 의로움에 감격하여 아무도 다른 뜻을 품지 않았다. 온 영광성의 사람들이 믿고서 흩어지지 않아 흙이 붕괴되고 기와가 깨지며 여지없이 무너지는 것을 면할 수 있었으니, 이는 공(公)의 힘이었다.

의곡 대장(義穀大將) 기효증(奇孝曾)이 영광군에 도착하여 수성소(守城所)에서 보고하게 하니, 공(公)이 답하였다.

"옛날 사람들이 이르기를, '세상이 어지러워야 충신을 안다.'고 하였으니, 어찌 지위가 있고 없는 것으로 말하겠는가? 무릇 우리들은 뜻이 같은 선비로서 충성심이 끓어올라 의로운 기개에 고무되었으니, 적의 무리를 섬멸하고 지역 내의 왜적을 깨끗이 쓸어버려

대가(大駕)를 받들어 돌아온다면 대장부가 해야 할 일을 모두 끝낸
것이네. 나와 같이 늙고 병든 자는 어쩔 수 없고 어쩔 수가 없네."
  개연히 탄식하며 말에 따라 눈물도 함께 솟구치니, 보는 사람들
이 감복하지 않는 사람이 없었다. 이때 공(公)의 나이 57세였다.
일찍이 위태한 성 안에서 시를 지었으니, 이러하다.

어찌 나라 무너지고 집 잃을 줄 알았으랴	何知破國又亡家
멀리 고운님 바라보니 하늘 한쪽에 있네.	遙望美人天一涯
가의가 통곡할 만한 일 깨닫지 못해	不覺賈生堪痛哭
길게 문천상의 육가 슬피 읊조리네.	長吟文相六哀歌

또 이러하다.

5년이나 병란의 화를 계속 입으니	五歲連兵禍
전쟁 통에 이 몸 늙어가고 말았네.	干戈老此生
임금 그리나니 시름이 멎지를 않고	戀君愁未歇
나라 걱정하니 한이 사라지기 어렵네.	憂國恨難平

비록 깃들어 사는 산과 시내 멀지라도	雖處溪山遠
언제나 궁궐을 그리는 정에 매여 있네.	常懸魏闕情
난초 심고서 부질없이 세월 흐르나니	滋蘭空有日
난초 심은 밭에는 향긋한 싹이 움트네.	九畹紉芳萌

당시 의기가 북받쳐 한탄한 노래들은 지금까지도 전해지고 있다.

11월에 영남 의병장(嶺南義兵將) 곽재우(郭再祐)가 군량을 요청하는 격서를 보고 영광군 일대에 발의해서 군량을 거두어 보냈다.

계사년(1593) 2월에 명나라 장수인 제독(提督) 이여송(李如松)이 평양(平壤)에서 승리하여 나라의 형세가 회복될 수 있다는 기별을 듣고 노비 안손(安孫)·개산(介山) 등을 시켜 군량을 남원(南原) 및 양천(陽川)의 진중(陣中)으로 나누어 보냈다. 비록 몸이 초야에 있지만 국가에 이익이 되는 것이라면 집안에 있는지 없는지 형편을 따지지 않은 채 마음과 힘을 다하였는데, 모두 이런 식이었다.

성품이 지극히 효성스러웠다. 4세 때 부모의 의미에 대해 물었는데, 만경공(萬頃公: 조부 丁世光)이 말하기를, "나를 낳은 이는 아버지요, 나를 기른 이는 어머니이다."라고 하였다. 공(公)이 그 이후로부터 어버이를 섬기는 도리를 능히 알고서 매일 밤에 잠자리를 보아 드리고 아침에 문안드리는 것 외에도 모든 일은 어버이의 뜻을 미리 알아서 받들고 따랐으며 지성으로 안색을 살펴 봉양하였으니 효성스럽다는 칭찬이 온 고을에 자자했다.

무진년(1568)에 생원공(生員公: 부친 丁珚)이 병을 앓아 바야흐로 잉어를 구해야 했을 때, 갑자기 낯선 사람이 와서 2마리를 팔았다. 공(公)이 그 값을 후하게 치르려 하자 극력 사양하고 받지 않더니 마을 어귀에 세운 문을 나서자마자 행적이 묘연하였는데, 끝내 값을 갚지 못하였고 사람들이 모두 기이하게 여겼다. 부친의 증세가 매우 심해져서 숨이 끊어지려는 지경에 이르자, 공(公)은 목욕재계하고 하늘에 빌어 자신이 대신 아프기를 바라며 손가락을 깨물어 피를 내어 2차례나 입에 흘려 넣어서 20일을 넘겼고, 넓적다리의 살을 베어 약에 섞어 여러 차례 마시도록 하여서 또 18일 넘겼으나, 부친의 천명이 이미 다하니 정성스러운 효성이 닿지 못하였다. 상(喪)을 당해서는 시신에 기대어 슬피 소리를 내며 울기를 밤낮으로 끊이지 않고 물조차 마시기를 전폐하여 마치 살고 싶지 않은 듯했다. 빈소(殯所)를 차린 뒤에는 차마 잠시도 떠나지 않고 거적자리에 몸을 엎드려 슬피 통곡하기를 마치 하루같이 하였다. 장사(葬事)를 지내고는 분묘(墳墓) 아래에서 여막(廬幕)을 짓고 추우나 더우나 비 오나 돌보기를 그치지 않으며, 3년 동안 죽과 소금을 먹을지라도 육장(肉醬)을 먹지 않아 몸이 바짝 마르고 뼈가 앙상하게 드러나 지팡이를 짚은 후라야 일어나도록 해서 상(喪)을 마쳤다.

모친을 섬기는데 모친의 뜻을 즐겁게 해드리는 것을 근본으로 삼았으니, 기쁜 표정과 유순한 태도를 단 한번이라도 어김이 없었다. 모친이 일찍이 병이 있었는데 고사리나물을 먹고 싶어 할 때는 날씨가 추워 얼음이 얼었다. 공(公)이 산기슭을 두루 찾았지만 끝내 구하지 못하다가 문득 뒤뜰의 양지바른 곳을 보니 고사리 열 줄기가 자라고 있었다. 공(公)이 그것을 꺾어 올리니, 당시 사람들이 놀라 감복하였다. 무인년(1578)에 모친은 병세가 매우 위중하여 목숨이 끊어지려 하자, 공(公)에게 말했다.

"나는 이제 그만이거니와, 너는 몸 훼손하는 것을 예전처럼 하지 말거라."

그리고는 장손(長孫) 정경(丁鏡)을 시켜 칼날 등을 모조리 감추게 하고서 세상을 떠났다. 공(公)은 몸부림치고 슬피 소리 내어 울며 기절하였다가 다시 깨어났다. 처음부터 끝까지 장사를 치르는데 정성과 예절 모두 극진히 하였고, 여묘살이를 하는데 예를 삼가 행한 것이 부친상과 한결같이 같았다. 어떤 객(客)이 그의 효성에 감복하여 여막에다 시를 지어 던졌으니, 그 시는 이러하다.

순임금 이후 어찌 사람이 없으랴	舜後豈無人
반백년 부모 사모한 마음 도탑네.	五十永慕敦
두 마리 잉어는 신명의 도움이요	二鯉神有助
열 줄기 고사리 하늘의 은혜라오.	十蕨天借恩
손가락 자른 것도 차마 못할 것인데	斷指猶不忍
허벅지 베었으니 또 무슨 말 더하랴.	割股復何言
예전에도 듣기 드문 일이었던 것을	古所罕聞者
오늘날에 정씨 문중에서 보았어라.	於今見丁門

공(公)의 아들 정건(丁鍵)은 공(公)이 상(喪)을 견뎌내지 못할까 염려하여 울며 형편에 맞게 하도록 청하였지만, 공(公)은 끝내 듣지 않고 삼년상을 마치고서 상복을 벗었다. 기일(忌日: 제사일)을 맞을 때마다 한 달 전부터 문 밖을 나가지 않고 몸소 제수 담을 그릇을

살폈으며, 비록 제기를 씻고 닦는 세세한 일이라도 계집종에게 맡기지 않았다. 제사를 받들며 애통해 하기는 마치 초상이 났을 때처럼 하였다. 아침저녁으로 반드시 사당(祠堂)에 참배하였고, 외출하거나 돌아왔을 때에도 또 사당에 고하였는데, 죽을 때까지 폐하지 않았다. 더욱이 항렬이 멀어져 이미 옮겨진 신위(神位)를 추모하는 데도 독실하였으니, 제전(祭田)을 넉넉히 마련하여 해마다 지내는 제사의 방도로 삼았다.

평소에는 반드시 닭이 우는 새벽에 세수하고 머리를 빗고서 엄숙하게 꼿꼿이 앉아 마음과 기운을 평온히 하여 글 읽으며 생각에 잠기었는데, 아무리 생각해도 깨닫지 못하면 밤낮을 꼬박 새워서라도 기필코 깨달음이 있을 때까지 스스로 한계 긋는 생각은 전혀 없었다. 날마다 《대학》과 《논어》를 외고 〈태극도(太極圖)〉를 손수 베껴서 음양(陰陽)이 자라고 사라지는 이치를 생각하여 찾았으며, 예설(禮說)이나 성리학에 관한 책은 모두 종류별로 모아 초록(抄錄)하여 늘 책상 위에 놓아두고서 배우는 것을 즐거움으로 삼아 외물(外物)이 자신의 마음을 얽매지 못하도록 성현(聖賢)의 글이 아니면 읽지 않았다. 사람들이 과거 보기를 권하면 웃고서 대답하지 않았으며, 함께 나가 놀기를 청하면 일이 있다고 하여 거절한 적이 없었다. 술은 즐기지 않더라도 뜻이 맞는 사람들이 모인 곳에서는 그때마다 주량껏 마셔서 기어코 취하고야 마는데, 호탕한 노래를 늘 읊조려서 분하고 답답한 마음을 풀었다.

집안에서의 법도는 내외의 구분이 엄격하였으니, 항상 사랑채에 거처하여서 계집종들은 공(公)의 얼굴을 보기가 드물었다. 부부의 사이에도 역시 예의에 벗어나도록 친밀히 지내지 않고 엄숙하게 대하였으며, 예로써 이끌어 서로 손님처럼 공경하였다. 형제간에 있어서는 우애가 더욱 독실하여 한집에서 같이 지냈고 재산에 사심이 없었다. 일찍이 여러 아들들에게 훈계하여 말했다.

"너희들은 항상 공경하고 두려워하는 마음을 두는데 혹시라도 게으름을 피워서는 안 된다. 사람들 중에 자기를 비방하는 자가 있어도 서로 따지지 말기 바란다. 남의 나쁜 점을 말하는 것은 비유컨대 마치 피를 입에 머금고 남에게 뿜는데, 먼저 자기 입을 더럽히는 것과 같으니, 이를 경계하여라."

여러 딸들을 가르치며 말했다.

"훗날 시집을 가게 되면 시부모에게 공손히 순종하고 제사를 정성껏 받들며, 길쌈하고 바느질하는 일에 있어서 혹시라도 부지런하지 않아서는 안 된다. 남편을 섬기고 동서들을 대할 때는 반드시 공경하고 언행을 삼가야 한다. 재물의 이익에는 많고 적음을 더욱 따지지 말아서 형제간의 우애를 잃을까 두려워해야 한다."

공(公)은 기개와 도량이 준엄하였으며, 말과 글이 간명하고 신중하였다. 아무리 익살스런 우스갯말을 해도 일체 입을 다물었으니, 벗들이 서로 경계하여 말했다.

"정호연(丁浩然: 정희맹)을 한번이라도 보면 자연스레 존경하는 마음이 있게 되네.”

모든 일에 있어서 너그럽고 넓은 도량으로 주관하여 일찍이 급히 하는 말과 갑자기 바꾼 얼굴빛으로 공격한 적이 없었으니, 말한마디 하지 않아도 사람들이 모두 엄히 마음을 다했으며, 집 밖을 나가지 않아도 향리와 이웃이 의지하고 중히 여겼다. 매번 큰일이 생길 때마다 반드시 공(公)에게 자문을 받아 결단하였다. 공(公)은 깊이 꾀하고 멀리 내다보는 책략이 남들보다 크게 뛰어났지만 언제나 재주와 지혜를 사람들에게 과시하지 않았다. 일에 임하여 발언할 때면 확고하여 범하기가 어려운 위엄이 있었으나, 성품은 또 자애롭고 어질어서 막 깃드는 새들이나 막 싹트는 초목들을 보면 차마 상하게 하지 못하고 말했다.

“이것들이 비록 미물일지라도 저마다 태어나 자라는 기운을 얻었을 것이니, 어찌 아끼지 않을 수 있겠는가?”

또 후학들이 떨치고 일어나도록 하는 것을 자기의 소임으로 삼고서 후학들을 달래고 가르쳐 이끄는 것을 게을리 하지 않아 능력에 따라 성취시켰다.

공(公)이 교유한 사람들은 당대의 명망 있는 이들이었으니, 이를테면 석주(石洲) 권필(權韠)·백록(白麓) 신응시(辛應時)·수은(睡隱) 강항(姜沆)·한천(寒泉) 이홍종(李洪鍾)이 더욱 막역하였다. 본디 산수를 유람하는 취미를 지녔으므로 거처할 터를 용산(龍山)에 잡고 선양정(善養亭)을 세워서 신병을 조리하였는데, 견남헌(見南軒)과 풍영정

(風詠亭)을 짓고 군자지(君子池)·사인담(舍人潭)을 파서 산속에 있는 집의 흥취가 남아 있도록 깃들게 하고는 용암(龍巖)의 조대(釣臺)에 '한 조각의 낚시터요, 드넓은 천지로다.(一片漁磯, 浩然天地.)'라고 새겼다. 주 문공(朱文公: 朱子. 朱熹)의 무이구곡(武夷九曲)을 모방하여 거처하는 곳의 산수에다 각기 그 이름을 붙였고, 또 성재(誠齋) 양만리(楊萬里)의 삼삼경(三三逕)을 따라서 걸어 다니는 산길을 구경(九逕)이라 하고는 시를 지었으니, 이러하다.

> 삼경을 처음 개척한 이는 장경이요   三逕初開是蔣卿
> 또 다시 개척한 이는 도연명이어라.   再開三逕有淵明
> 성재가 이윽고 구경을 다 차지했지만   誠齋奄有三三逕
> 구경을 거듭 개척한 것은 선양정이라.   九逕重開善養亭

공(公)은 항상 도정절(陶靖節: 도연명)의 사람됨을 흠모하고 〈귀거래사(歸去來辭)〉에 차운하여 말했다.

"어떻게 돌아간다는 말[歸辭]로써 자기의 뜻을 부칠 수 있단 말인가?"

그리고는 '친척들과의 정담을 즐거워하고 거문고와 책 즐기어 시름을 달랜다.(悅親戚之情話, 樂琴書而消憂.)'라는 구절을 뽑아내어 줄이 없는 거문고 통 위에 크게 써 놓았다. 춘하추동 좋은 계절마다 친구들과 시문(詩文)을 주고받으며 인자(仁者)와 지자(智者)가 좋아하는 산수를 이야기하였고, 지팡이에 짚신 차림으로 구곡산수(九曲

山水) 사이를 배회하였다. 멍하니 세속의 일을 잊으려는 뜻을 지녔
고, 세상에서 명리(名利)에 급급해 하는 자를 보면 마치 자기를 더럽
히는 것처럼 여길 뿐만이 아니었다. 순천부(順天府)에 옥천계(玉川
溪)가 있다는 소문을 듣고 가서 그 수석(水石)의 아름다움을 보고는
거처할 터를 잡아 노년을 마칠 뜻을 지녔으나 끝내 이루지 못했다.

병신년(1596) 10월에 고질병의 증세가 더욱 심해지자 스스로 일
어나지 못할 것을 헤아려 여러 아들들에게 말했다.

"내가 죽은 이후에 비단으로 염습(斂襲)하지 말고, 다만 평소에
입던 겉옷[深衣]과 큰 띠[大帶]만을 사용하여라."

같은 달 22일에 세상을 떠나니, 향년 61세이었다. 11월 경신(庚
申: 28일) 생곡리(生谷里) 선영 아래에 장사를 지냈고, 영조(英祖) 21
년 을축년(1745) 5월에 용산(龍山)의 계좌(癸坐: 북동쪽) 언덕으로 이
장하였는데 바로 선양정(善養亭)의 옛터였다. 전취부인과 후취부인
을 합장(合葬)하였다. 공(公)의 유고(遺稿) 15권은 병자호란 때 없어
지고, 시부(詩賦)와 일기(日記) 몇 권이 집안에 소장되어 있다.

전취부인 여산 송씨(礪山宋氏)는 만호(萬戶) 송원(宋瑗)의 딸이다.
가정(嘉靖) 갑오년(1534)에 태어나 공(公)보다 29년 먼저 정묘년
(1567)에 세상을 떠났다. 규중 여자의 모범과 덕은 군자의 배필로
어긋남이 없었다. 두 아들을 낳았으니, 장남 정경(丁鏡)은 후손이
없었고, 차남 정건(丁鍵)은 직장(直長)을 지냈다. 후취부인 홍양 류
씨(興陽柳氏)는 부장(部將) 류기손(柳奇孫)의 딸이다. 가정(嘉靖) 경술

년(1550)에 태어나 공(公)보다 6년 뒤인 임인년(1602)에 세상을 떠났다. 부덕(婦德) 또한 갖추었다. 2남 1녀를 낳았으니, 장남은 정익(丁鈒)이고 차남은 정윤(丁鋊)이며 딸은 도사(都事) 정민득(鄭敏得)에게 시집갔다.

정건은 1남 4녀를 낳았으니, 아들은 정제원(丁濟元)이고, 사위로 첫째는 고부민(高傅民: 高傅敏의 오기), 둘째는 변효윤(邊孝胤), 셋째는 오희유(吳希有), 넷째는 정시화(鄭時和)이다. 정익은 5남을 낳았으니, 1남은 정의원(丁義元), 2남은 정복원(丁復元), 3남은 정효원(丁孝元), 4남은 정신원(丁愼元), 5남은 정순원(丁舜元)이다. 정윤은 4남 2녀를 낳았으니, 1남은 정선원(丁善元), 2남은 정도원(丁道元), 3남은 정사원(丁士元), 4남은 정유원(丁有元)이고, 사위로 첫째는 이시발(李時發), 둘째는 강적주(姜適周)이다. 증손과 현손 이하는 모두 기록하지 않는다.

아, 공(公)은 타고난 자질이 이미 도(道)에 가까워 온갖 행실이 구비되었으니, 충성스럽고 효성스러운 행실은 타고난 천성이었으므로 부모가 살아있을 때의 봉양과 돌아가신 뒤의 장례에 대한 크나큰 절도는 옛 효자에 부끄러움이 없었다. 옛날부터 일컫는 한 고을의 훌륭한 선비라고 하는 것은 오직 공(公)이 아니겠는가. 이 때문에 외딴 곳의 미천한 선비가 섬 오랑캐들이 창궐하던 때를 당해 분개하여 일신을 돌아보지 않고 창의(倡義)해 죽기로 맹세하였는데, 동지들과 약속하고 성을 지키는 계획을 세우니 은연중에 한 도의 주동자

가 되었다. 그가 스스로 국가에 바친 일편단심의 충정과 빛나는
절개는 의에 죽은 여러 현자(賢者)들과 더불어 참으로 흠잡을 데가
없었으나, 다행히도 영광성(靈光城)이 온전하여 죽지 않았을 뿐이
다. 당시 순절한 이들은 모두 포상(褒賞)의 은전을 입었는데, 유독
공(公)의 빛나는 훌륭한 자취가 그냥 놔두고 드러나지 않았으니 100
년이 지나서도 개탄해 마지않을 수 없지만 공(公)에게 있어서야 무
슨 상관이 있었겠는가. 공(公)은 중년에 고질병이 들어 부지런히
공부하는 것을 젊었을 때처럼 능히 하지 못하고, 오로지 서적을
깊이 파고들려는 마음에 힘을 쏟았을 뿐이다. 따로 누정 하나를
짓고 선양정(善養亭)이라 편액하였다. 이름을 희맹(希孟)으로 고쳤
고, 자(字)도 호연(浩然)으로 고쳤다. 무릇 사람들이 바라는 것으로
서 모범은 반드시 자기의 성품에 가까운 것을 따라 배워 깨치는
것이거나 아니면 높고 높은 우뚝한 기상이니 공(公)이 혹 그것에
가까운 듯한데, 의로운 언행이 축적되도록 양성한 것은 몸에 체득
하여서 혼자만 아는 바가 있었던가? 이와 같지 않다면 어떻게 일을
행함에 있어서 깊고 간절하게 드러내어 밝힐 수가 있단 말인가.
　못난 이 사람이 병부(兵符)를 받은 금성(錦城: 羅州)은 공(公)의 고
을과 맞닿은 곳이다. 익히 듣건대 공(公)의 후손들이 집안의 가르침
을 따라서 가문의 명성을 더럽히지 않는다고 하니, 진실로 이른바
노성인(老成人: 정희맹)이 없다 해도 전형(典刑: 옛 법도)은 아직 있다
는 것이리라. 공(公)의 8대손 정운노(丁雲老)가 이 못난 사람이 형편

없음을 알지 못하고 가장(家狀)을 소매에 넣어 와서 행장(行狀) 을
청하였는데, 사양해도 허락을 받지 못하고 삼가 위와 같이 지어서
공(公)을 드러낼 군자를 기다리노라.

숭정(崇禎) 기원 후 세 번째 정사년(1797)

통훈대부(通訓大夫) 나주 목사(羅州牧使)

임육(任熵) 짓다.

선양정 진사일기

—

원문과 주석

壬辰

{萬曆二十年, 本朝宣祖二十五年.}

▌四月

十三日。

倭船四百餘隻, 來泊釜山浦, 進迫東萊府。府使宋象賢[1], 出兵力戰, 不克而死。其後賊連陷梁山[2]·蔚山[3]·密陽[4]諸城, 長驅深入永同[5]·黃澗[6], 直向京城。而沿路諸郡, 土崩瓦解[7], 無一人禦之者, 生民被殺, 不知其數, 中外洶洶, 莫知所措。嗚呼! 致此者誰也?

---

1 宋象賢(송상현, 1551~1592) : 본관은 礪山, 자는 德求, 호는 泉谷·寒泉. 1570년 진사에, 1576년 別試文科에 급제하여 鏡城判官 등을 지냈다. 1584년 宗系辨誣使의 質正官으로 명나라에 다녀왔다. 귀국 뒤 호조·예조·공조의 正郎 등을 거쳐 東萊府使가 되었다. 임진왜란이 일어나 왜적이 동래성에 쳐들어와 항전했으나 함락되게 되자 朝服을 갈아입고 단정히 앉은 채 적병에게 살해되었다. 충절에 탄복한 敵將은 詩를 지어 제사지내 주었다.

2 梁山(양산): 경상남도 동남부에 위치한 고을.

3 蔚山(울산): 경상남도 북동부에 위치한 고을.

4 密陽(밀양): 경상남도 북부에 위치한 고을.

5 永同(영동): 충청북도 최남단에 위치한 고을.

6 黃澗(황간): 충청북도 영동군 북부에 위치한 고을.

7 土崩瓦解(토붕와해): 흙이 붕괴되고 기와가 깨진다는 뜻. 사물이 수습할 정도로 철저하게 궤멸되는 것을 비유하는 말이다.

▌五月

初一日。

聞賊越鳥嶺[8], 入淸洪道[9], 漸迫京城云。本道巡察使李洸[10], 將
起大軍西上, 而鏡兒[11]以校生[12]{今學生.}被抄而去, 痛哭不忍言。

---

8   鳥嶺(조령): 경상북도 문경과 충청북도 괴산 사이에 있는 고개.

9   淸洪道(청홍도): 충청도를 달리 이르던 말. 충청도에 속한 淸州와 洪州에서 따온 말
    이다. 1505년에 충청도를 忠公道로 고쳤다가 中宗 때에 환원하였고, 1550년에 淸洪
    道, 1613년에 公淸道, 1628년에 公洪道, 1646년에 洪忠道, 1656년에 公洪道, 1670년
    에 忠洪道, 1680년에 公洪道, 1729년에 公淸道, 1731년에 洪忠道, 1825년에 公忠道
    등으로 고쳤었다.

10 李洸(이광, 1541~1607) : 본관은 德水, 자는 士武, 호는 雨溪散人. 1567년 생원이 되
    고, 1574년 별시 문과에 급제하였다. 평안병마평사·성균관전적·병조좌랑·정언·형
    조좌랑 등을 거쳐 1582년 예조정랑·지평, 이듬해 성균관직강·북청판관·함경도도
    사를 지냈다. 1584년 병조정랑·장악원첨정을 거쳐, 함경도 암행어사로 나가 북도민
    의 구호 현황을 살피고 돌아와 영흥부사가 되었다. 1586년 길주목사로 나갔다가 함
    경도관찰사 겸 순찰사로 승진했고 1589년 전라도관찰사가 되었다. 그해 겨울 모역한
    鄭汝立의 문생과 그 도당을 전부 잡아들이라는 영을 어기고, 혐의가 적은 인물을
    임의로 용서해 풀어주었다가 탄핵을 받고 삭직되었다. 1591년 호조참판으로 다시
    기용되었으며, 곧 지중추부사로서 전라도관찰사를 겸임하였다. 이듬해 임진왜란이
    일어나자 전라감사로서 충청도관찰사 尹先覺, 경상도관찰사 金晬와 함께 관군을 이
    끌고 북상해 서울을 수복할 계획을 세웠다. 그리하여 5월에 崔遠에게 전라도를 지키
    게 하고, 스스로 4만의 군사를 이끌고 나주목사 李慶福을 중위장으로 삼고, 助防將
    李之詩를 선봉으로 해 林川을 거쳐 전진하였다. 그러나 도중 용인의 왜적을 공격하
    다가 적의 기습을 받아 실패하자 다시 전라도로 돌아왔다. 그 뒤 왜적이 전주·금산
    지역을 침입하자, 光州牧使 權慄을 도절제사로 삼아 熊峙에서 적을 크게 무찌르고,
    전주에 육박한 왜적을 그 고을 선비 李廷鸞과 함께 격퇴시켰다. 같은 해 가을에 용인
    패전의 책임자로 대간의 탄핵을 받고 파직되어 백의종군한 뒤, 의금부에 감금되어
    벽동군으로 유배되었다가 1594년 고향으로 돌아왔다.

11 鏡兒(경아): 丁希孟은 첫째부인이 宋瑗의 딸 礪山宋氏인데 그 소생의 맏아들 丁鏡
    (1560~1597). 본관은 押海, 자는 彦明. 임진왜란 때 高敬命과 같이 싸웠으나 이기지

遂慰諭之曰: "普天之下, 莫非王土, 率土之濱, 莫非王臣[13], 汝雖無似[14], 亦先王[15]之遺民也。當此板蕩[16]之日, 何可保躬逃命, 忘我宗社乎? 且疾風之草, 此時可知, 汝勿以父母爲念, 苟免爲幸, 視死如歸[17], 立大節於邦家, 則此臣子之道也。" 卽聞村村曲曲, 哭聲騰天, 此杜工部[18]所謂爺孃妻子走相送, 哭聲直上干雲霄[19]也。

初五日。

本伯自公州[20]罷還, 而大軍亦無故解送, 鏡兒入來矣。本伯回軍事, 人莫知其由。是日, 聞主上, 率妃嬪及百官, 出避開城府[21], 將向平壤[22]云。痛泣痛泣, 此白居易[23]所謂九重宮闕烟塵生, 千乘

못하였고, 부친상을 겪다가 1597년 왜적에게 사로잡히자 자결하였다.

12 校生(교생): 지방 향교나 서원에 다니는 생도를 이르던 말.

13 普天之下, 莫非王土, 率土之濱, 莫非王臣(보천지하, 막비왕토, 솔토지빈, 막비왕신):《詩經》〈小雅·北山〉에서 나오는 말.

14 無似(무사): 스스로 낮추어 못난 사람이라는 뜻하는 말.

15 先王(선왕): 祖宗朝. 왕의 先代.

16 板蕩(판탕): 나라의 형편이 어지러워짐을 이르는 말.

17 視死如歸(시사여귀): 죽는 일을 집으로 돌아가는 것과 같이 여긴다는 뜻. 죽음을 두려워하지 아니함을 이르는 말이다.

18 杜工部(두공부): 唐나라 시인 杜甫의 벼슬이 工部員外郎이었으므로 일컫는 말.

19 爺孃妻子走相送, 哭聲直上干雲霄(야양처자주상송, 곡성직상간운제): 두보의 〈兵車行〉에서 나오는 말.

20 公州(공주): 충청남도 동부 중앙에 위치한 고을.

21 開城府(개성부): 황해도 중서부에 위치한 고을.

22 平壤(평양): 평안남도 서남부에 위치한 고을.

23 白居易(백거이): 唐나라 시인. 인간을 대상으로 하며 생활의식이나 생활감정이 뒷받

萬騎西南行²⁴也。

十六日。

又以巡察使, 令抄精兵, 嗚呼老矣, 雖憤奈何? 聞都元帥金命元²⁵, 斬獲賊首三百二十餘級云。然耶? 然則天之助我, 可知矣。但軍士多逃亡云。以此推之, 則民心已失耶, 未知厥終之如何。憂憤成疾矣。

二十二日。

聞我軍乘勝追擊, 賊飢困, 將渡臨津江{在坡州.}。都元帥金命元率五千兵, 開城留守洪仁瑞²⁶率七千兵, 咸鏡監司柳永立²⁷‧南

침되는 시를 썼다. 그의 시는 민중 속에 파고들어, 소치는 아이나 말몰이꾼들의입에 까지 오르내리고, 배나 절의 기둥이나 벽에 써 붙여지기도 하였으며, 멀리외국에까지 영향을 미쳤다.

24 九重宮闕烟塵生, 千乘萬騎西南行(구중궁궐연진생, 천승만기서남행): 白居易의 〈長恨歌〉에서 나오는 말. 宮闕 대신 城闕로 되어 있다.

25 金命元(김명원, 1534~1602): 본관은 慶州, 자는 應順, 호는 酒隱. 이황의 문인이다. 1558년 사마시에 합격, 1561년 식년문과에 급제하였다. 1569년 종성부사가 되고, 내외직을 거쳐 1587년 좌참찬으로 의금부지사를 겸임하였다. 1589년 鄭汝立의 난을 수습한 공으로 平難功臣 3등에 책록, 慶林君에 봉해졌다. 임진왜란 때 巡檢使가 되고, 이어 팔도도원수로서 임진강방어전을 전개하여 적의 침공을 지연시켰다. 평양이 함락된 뒤 순안에 주둔, 行在所 경비에 힘썼다. 이듬해 명나라 원병이 오자 장수들의 자문에 응하였고, 그 뒤 신병으로 원수직을 사직, 호조‧예조‧공조판서를 역임하였다. 1597년 정유재란 때 병조판서로서 留都大將을 겸임하고 좌찬성‧이조판서‧우의정을 거쳐, 1601년 부원군에 진봉되고 좌의정에 이르렀다.

26 洪仁瑞(홍인서): 洪仁恕(1535~?)의 오기. 본관은 南陽, 자는 應推. 1592년 임진왜란

道兵使李渾[28]率精兵萬餘, 平安監司宋言愼[29]·兵使李潤德[30]舉輕
騎萬餘, 黃海監司趙仁得[31]舉精銳九千來會, 約束待變。賊果至

발발 이후 宣祖가 경성을 버리고 개성으로 피난해 오자 당시 개성부유수로서 동요하
던 백성들을 효유하여 안정시켰으나 곧바로 병으로 벼슬을 그만두었다. 그러다가
1593년 호조참의가 되었지만 전란의 와중에서 병을 이유로 동궁을 제대로 모시지
못하였다는 사간원의 탄핵을 받아 체직되었다.

27 柳永立(류영립, 1537~1599): 본관은 全州, 자는 立之. 1591년 함경도관찰사를 역임
하고 이듬해 강원도관찰사가 되었다. 이때 임진왜란이 일어나자 산 속으로 피신하였
다가 가토[加藤淸正] 휘하의 왜군에게 포로가 되었다. 뇌물로 매[鷹]를 바치고 탈출
하였으나, 국위를 손상시켰다는 이유로 대간의 탄핵을 받고 파직당하였다. 柳成龍의
변호로 곧 복직되어 병조참판을 역임하였다.

28 李渾(이혼, 1543~1592): 본관은 全州. 1591년 咸鏡南道兵使로 부임하였다. 1592년
5월 임진왜란이 시작되면서 南兵使로서 휘하 장병을 이끌고 楊洲에 이르러 副元帥
申恪의 병력과 합세하여, 양주의 蟹嶺에서 왜적을 격파하는 전과를 올렸다. 6월 12
일 鐵嶺에서 군사를 동원해 이 일대를 지키고 있다가 關北 방면으로 진격 중인 왜장
加藤·毛利 군대를 방어하였으나, 그들의 공격에 밀려 철령을 버리고 甲山으로 퇴각
하였다. 이때 咸慶監司 柳永立은 산골에 숨어 있다가 우리 군사가 안내한 적군의
손에 사로잡혔고, 갑산으로 도망간 이혼은 奇春年·朴延文 등 배반한 백성들의 기습
을 받고 싸우다가 아들과 함께 전사하였다.

29 宋言愼(송언신, 1542~1612): 본관은 礪山, 초명은 宋承海, 자는 寡尤, 호는 壺峰.
1592년 사마시에 합격하고, 그 뒤 평안도관찰사가 되었으나 임진왜란으로 공조참판이
되어 평안도순찰사를 겸하다가 다시 함경도순찰사를 겸하면서 軍兵 보집에 힘썼다.
1592년에 삭직되었고, 1596년 東面巡檢使로 다시 등용된 뒤 대사간·병조판서·이조
판서를 역임하였다.

30 李潤德(이윤덕, 1529~1611): 본관은 廣州, 자는 得夫. 평안도 병마절도사를 역임하
고 訓鍊院都正, 關西副元帥가 되어 서부방면 방어에 힘썼으며, 1594년 同知敦寧府事
가 되어 선조를 의주까지 호종하였다.

31 趙仁得(조인득, ?~1598): 본관은 平壤, 자는 德輔, 호는 滄洲. 1592년 임진왜란 때
황해도관찰사로 해주 앞바다의 섬으로 피신하였다가 황해도병마절도사로 전직되었
으며, 그 뒤 판결사를 지냈다. 1594년 황해도병마절도사로 있을 때 비변사의 건의로
精兵을 모집하였으며, 이에 束伍法이 최초로 적용되기도 하였다. 이로써 당시 시급
한 砲手 양성에 노력하고 있던 각 지방군의 束伍軍化가 촉진되었다. 1595년 도승지

江頭無船, 夜撤人家, 造筏欲渡之。時五部³²兵合擊大破之, 斬
賊三百餘首, 大呼鼓角, 直入津頭, 江水波急, 賊還向走渡, 觸於
岸石, 溺水浮流者, 不知其數, 中槍碎劍者亦多。賊還走入京城,
城門盡閉。江原道兵, 京畿左右道軍, 忠淸道兵數萬適至, 義兵
亦繼至, 合勢圍城, 以待賊之飢死云。又聞賊徒留屯黃澗, 晝則
登山, 夜宿人家, 殺掠無數, 忠淸防禦使³³, 使利劍善射者, 伏於
要路, 射殺賊魁七八, 賊一時奔散云。又聞本道水使李舜臣³⁴,

가 되고, 이듬해 충청도관찰사·공조참판·길주목사 등을 역임하였다.

32 五部(오부): 部는 조선시대에 한양을 동·남·서·북·중 5부로 나누어 그곳에 둔 관아
를 일컫는 말. 오부는 한성부의 산하 행정 관아를 통틀어 이르는 말이다.

33 忠淸防禦使(충청방어사): 趙慶男의 《亂中雜錄》에 따르면 1592년 4월 15일에 임명된
이가 李沃임. 《宣祖實錄》1592년 5월 10일조 6번째 기사에 처음으로 충청방어사
李沃으로 나온다. 그러나 이옥에 대한 구체적인 사실은 알 수가 없다.

34 李舜臣(이순신, 1545~1598): 본관은 德水, 자는 汝諧. 1576년 식년무과에 급제했
다. 1589년 柳成龍의 천거로 高沙里僉使로 승진되었고, 절충장군으로 滿浦僉使 등을
거쳐 1591년 전라좌도 水軍節度使가 되어 여수로 부임했다. 이순신은 왜침을 예상하
고 미리부터 군비확충에 힘썼다. 특히, 전라좌수영 본영 선소로 추정되는 곳에서
거북선을 건조하여 여수 종포에서 點考와 포사격 시험까지 마치고 돌산과 沼浦 사이
수중에 鐵鎖를 설치하는 등 전쟁을 대비하고 있었다. 임진왜란이 일어나자 가장 먼저
전라좌수영 본영 및 관하 5관(순천·낙안·보성·광양·흥양) 5포(방답·사도·여도·본
포·녹도)의 수령 장졸 및 전선을 여수 전라좌수영에 집결시켜 전라좌수영 함대를
편성하였다. 이 대선단을 이끌고 玉浦에서 적선 30여 척을 격하고 이어 泗川에서
적선 13척을 분쇄한 것을 비롯하여 唐浦에서 20척, 唐項浦에서 100여 척을 각각 격
파했다. 7월 閑山島에서 적선 70척을 무찔러 閑山島大捷이라는 큰 무공을 세웠고,
9월 적군의 근거지 부산에 쳐들어가 100여 척을 부수었다. 이 공으로 이순신은 정헌
대부에 올랐다. 1593년 다시 부산과 熊川의 일본 수군을 소탕하고 한산도로 진을
옮겨 本營으로 삼고 남해안 일대의 해상권을 장악, 최초로 삼도수군통제사가 되었
다. 1596년 원균 일파의 상소로 인하여 서울로 압송되어 囹圄의 생활을 하던 중,
우의정 鄭琢의 도움을 받아 목숨을 건진 뒤 도원수 權慄의 막하로 들어가 백의종군하

舉各鎭兵船, 戰於露梁[35], 火破賊船四十餘隻, 射殺無數云。又
聞慶尙右水使[36], 亦大捷, 賊蒼黃奔走, 爲本道防禦使[37]所敗, 不

였다. 1597년 정유재란 때 원균이 참패하자 다시 삼도수군통제사에 임명되었다. 12
척의 함선과 빈약한 병력을 거느리고 鳴梁에서 133척의 적군과 대결, 31척을 부수어
서 명량대첩을 이끌었다. 1598년 명나라 陳璘 제독을 설득하여 함께 여수 묘도와
남해 露梁 앞바다에서 순천 왜교성으로부터 후퇴하던 적선 500여척을 기습하여 싸
우다 적탄에 맞아 전사했다.

35 露梁(노량): 경상남도 남해도와 하동 사이에 있는 나루터.

36 慶尙右水使(경상우수사): 元均(1540~1597)을 가리킴. 본관은 原州, 자는 平仲.
1592년 경상우도 수군절도사에 임명되어 부임한 지 3개월 뒤에 임진왜란이 일어났
다. 왜군이 침입하자 경상좌수영의 수사 朴泓이 달아나버려 저항도 못해보고 궤멸하
고 말았다. 원균도 중과부적으로 맞서 싸우지 못하고 있다가 퇴각했으며 전라좌도
수군절도사 李舜臣에게 원군을 요청하였다. 이순신은 자신의 경계영역을 함부로 넘
을 수 없음을 이유로 원군요청에 즉시 응하지 않다가 5월 2일 20일 만에 조정의
출전명령을 받고 지원에 나섰다. 5월 7일 玉浦해전에서 이순신과 합세하여 적선 26
척을 격침시켰다. 이후 합포해전·적진포해전·사천포해전·당포해전·당항포해전·
율포해전·한산도대첩·안골포해전·부산포해전 등에 참전하여 이순신과 함께 일본
수군을 무찔렀다. 1593년 이순신이 삼도수군통제사가 되자 그의 휘하에서 지휘를
받게 되었다. 이순신 보다 경력이 높았기 때문에 서로 불편한 관계가 되었으며 두
장수 사이에 불화가 생기게 되었다. 이에 원균은 해군을 떠나 육군인 충청절도사로
자리를 옮겨 상당산성을 개축하였고 이후에는 전라 좌병사로 옮겼다. 1597년 정유재
란 때 가토 기요마사가 쳐들어오자 수군이 앞장서 막아야 한다는 건의가 있었지만
이순신이 이를 반대하여 출병을 거부하자 수군통제사를 파직당하고 투옥되었다. 원
균은 이순신의 후임으로 수군통제사가 되었다. 7월 칠천량해전에서 일본군의 교란
작전에 말려 참패하고 전라우도 수군절도사 李億祺 등과 함께 전사하였다.

37 本道防禦使(본도방어사): 全羅防禦使 郭嶸(생몰년 미상)을 가리킴. 본관은 宜寧, 호
는 蘆谷. 1591년 평안도병마절도사를 거쳐, 1592년(선조 25) 임진왜란이 일어나 서
울이 함락되자, 전라도방어사로서 전라도 순찰사 李洸과 함께 군사를 모집하여 龍仁
에서 일본군과 싸웠으나 패하였다. 7월에는 의병장 高敬命과 함께 錦山에서 일본군
과 싸웠으나 역시 패하여 사헌부로부터 용감히 싸우지 못하는 拙將이라는 탄핵을
받았다. 1595년 右邊捕將·行護軍 등을 역임하였으며, 1599년 호위대장으로서 왕비
가 遂安에 머물 때 경호하였다.

敢窺西海, 而又多得賊馬鐵廣大頭口等物云。然耶? 傳聞何可盡信? 是日本官南宮涀[38]到官, 更聚逃軍, 而以我爲開誘將。午時, 入見馳至西面, 閭里空虛, 人烟蕭瑟, 只見宋龜年於卞山, 君遇[39]從於南竹[40], 而軍兵不可多得矣。

二十四日。

與元奴艱得軍人二十名付官,　官方欲發程耳。奴德同搶卒[41]去, 奴愛終步軍去。

▌六月

初九日。

聞李洸回軍之故。則前鋒將白光彦[42], 輕賊妄入, 爲賊所斬,

---

38 南宮 涀(남궁견, 1538~?): 본관은 咸悅, 자는 混源. 1567년 식년시에 급제하였다.

39 君遇(군우): 丁希說(1539~1612)의 字. 본관은 押海, 호는 萬松堂. 정희맹의 4촌 동생이다. 곧 정희맹의 장백부 丁琦의 셋째아들이다. 임진왜란이 발발하자 동지들과 더불어 義穀을 모아 奇孝曾을 통해서 義州의 行在所에 바치기도 하였다. 이후에도 사재를 털어 體察使에게 군량을 지원하여 주었다. 군량 외에도 李應鍾과 함께 영광성을 방어하기도 하였다.

40 南竹(남죽): 전라남도 영광군 군서면에 위치한 마을.

41 搶卒(창졸): 槍卒의 오기. 창을 쓰는 군졸.

42 白光彦(백광언, 1554~1591): 본관은 海美, 호는 楓巖. 泰仁 출신이다. 1592년 모친상을 당하여 태인에 머무르고 있는 중에 임진왜란을 만나 全羅監司兼巡察使 李洸의 助防將이 되었다. 이때 이광이 전라도병사 8,000명을 이끌고 公州까지 북상했다가

諸將一時瓦解, 而軍粮·軍器, 亦皆棄走云。此所謂藉寇兵而資
盜粮者[43]也。非但本道軍, 慶尙·忠淸之軍, 亦皆退走云。俱是
一道之大將, 戰陣無勇[44]如此, 其誰恃之, 痛憤無已。是日, 德同
·愛終, 亦無故生還, 可訝。

十一日。

聞前府使高敬命[45], 起義兵於光州[46], 前府使金千鎰[47], 起義兵

서울이 함락되었다는 소식을 듣고 퇴군하여 全州에 이르자 백광언은 "君父께서 서쪽
으로 播遷하셨는데 공은 수하에 많은 병력을 거느리고 퇴군하여 싸우려 하지 않으니
이 무슨 연고이시오."라고 꾸짖어 북상할 것을 약속받고 다시 2만 여의 군사를 모아
전열을 재정비한 뒤 수원을 향하여 진격하였다. 龍仁城 남쪽 10리에 이르러 우군선
봉장이 된 백광언은 좌군선봉장 李之詩와 함께 文小山의 적진을 협공하였으나 패전
하여 모두 전몰하고 말았다.

43　藉寇兵而資盜粮者(자구병이자도량자):《戰國策》〈秦策〉에 나오는 말. 다만 원전에는
　　藉寇兵而齎盜粮者로 되어 있다.

44　戰陣無勇(전진무용):《禮記》〈祭義〉에서 曾子가 孝에 대하여 제자인 公明儀에게 말
　　하기를, "몸이라는 것은 부모가 남겨주신 遺體이니, 부모의 유체를 움직임에 어찌
　　감히 신중하지 않겠는가. 행동거지를 장중하게 하지 않는 것은 효가 아니며, 임금을
　　섬기면서 충성하지 않는 것은 효가 아니며, 관직에 나아가 신중하지 않는 것은 효가
　　아니며, 붕우 사이에 신의를 지키지 않는 것은 효가 아니며, 싸움터에 나아가 용맹하
　　지 않는 것은 효가 아니다. 이 다섯 가지를 실천하지 못하면 그 비난이 부모에게
　　미칠 것이니, 어찌 신중하지 않겠는가.(身也者, 父母之遺體也, 行父母之遺體, 敢不
　　敬乎? 居處不莊, 非孝也, 事君不忠, 非孝也, 莅官不敬, 非孝也, 朋友不信, 非孝也,
　　戰陳無勇, 非孝也. 五者不遂, 灾及其親, 敢不敬乎?)"라고 한 데서 나오는 말. 陳과
　　陣은 통용된다.

45　高敬命(고경명, 1533~1592): 본관은 長興, 자는 而順, 호는 苔軒·霽峯. 홍문관의
　　부수찬·부교리·교리가 되었을 때 仁順王后의 외숙인 이조판서 李樑의 전횡을 논하
　　는 데 참여하고, 그 경위를 이량에게 몰래 알려준 사실이 드러나 울산군수로 좌천된
　　뒤 파직되었다. 1581년 영암군수로 다시 기용되었으며, 이어서 宗系辨誣奏請使 金繼

於羅州⁴⁸云, 可喜可喜。自變後, 南中寂然無聞, 至是義聲大振,
孰不捐生從義乎? 遂以書通諭{書見二卷.}鄕中, 設都廳於校中,
分定諸有司, 一便募義兵, 一便募義穀, 又造弓箭鎗劍等物, 分
送二處。而羅州所去, 則義兵四十名, 義穀十五石, 長槍二十,
長釗二十, 强弓三十, 飛箭四百箇, 光州所去, 則義兵六十名, 義
穀二十五石, 長鎗三十, 長釗三十, 强弓三十八, 飛箭六百箇

輝와 함께 書狀官으로 명나라에 다녀왔다. 이듬해 서산군수로 전임되었는데, 明使遠
接使 李珥의 천거로 從事官이 되었으며, 이어서 종부시첨정에 임명되었다. 1590년
承文院判校로 다시 등용되었으며, 이듬해 동래부사가 되었으나 서인이 실각하자 곧
파직되어 고향으로 돌아왔다. 1592년 임진왜란이 일어나 서울이 함락되고 왕이 의주
로 파천했다는 소식을 전해들은 그는 각처에서 도망쳐온 官軍을 모았다. 두 아들
高從厚와 高因厚로 하여금 이들을 인솔, 수원에서 왜적과 항전하고 있던 廣州牧使
丁允佑에게 인계하도록 했다. 전라좌도 의병대장에 추대된 그는 종사관에 柳彭老·
安瑛·楊大樸, 募糧有司에 崔尙重·楊士衡·楊希迪을 각각 임명했다. 그러나 錦山전투
에서 패하였는데, 후퇴하여 다시 전세를 가다듬어 후일을 기약하자는 주위의 종용을
뿌리치고 "패전장으로 죽음이 있을 뿐이다."고 하며 물밀듯이 밀려오는 왜적과 대항
해 싸우다가 아들 고인후와 유팽로·안영 등과 더불어 순절했다.

46 光州(광주): 전라남도 중앙에서 북쪽으로 치우쳐 위치한 고을.

47 金千鎰(김천일, 1537~1593): 본관은 彦陽, 자는 士重, 호는 健齋·克念堂. 1592년
임진왜란 때 나주에 있다가 高敬命·朴光玉·崔慶會 등과 함께 의병을 일으켰다. 선
조가 피난 간 평안도를 향해 가다가, 왜적과 싸우면서 수원의 禿山城을 점령하였고
용인의 金嶺(지금의 경기도 용인시 처인구 역북동 일대) 전투에서 승리한 뒤 강화도
로 들어갔다. 용인전투는 의병에게는 첫 번째 승리를 안겨주었기 때문에 그 공으로
判決事가 되고 倡義使의 호를 받았다. 왜적에 점령된 서울에 결사대를 잠입시켜
싸우고, 한강변의 여러 적진을 급습하는 등 크게 활약하였다. 다음해 정월 명나라
제독 李如松의 군대가 개성을 향해 남진할 때, 그들의 작전을 도왔다. 또한 왜군이
남쪽으로 퇴각하자, 절도사 최경회 등과 함께 晋州城을 사수하였다. 그 뒤 진주성을
지킬 때 백병전이 벌어져, 화살이 떨어지고 창검이 부러져 대나무 창으로 응전하였
다. 마침내 성이 함락되자 아들 金象乾과 함께 南江에 투신하여 자결하였다.

48 羅州(나주): 전라남도 중서부에 위치한 고을.

矣。旣會, 士多願屬高敬命, 故如是不均耳。伯兒鏡往羅州, 次兒鍵[49]往光州, 而渠等雖不忍去, 王事奈何? 伯兒臨行發暑症, 故使奴風金同往, 金雲代奴不去可歎。義兵數萬, 號五萬云。

二十四日。

聞賊追及平壤, 大駕欲移次[50]咸興云。各官以兵使[51]令, 抄軍奴, 同伊所耕戰馬驅奴去, 前者安孫, 無事回還矣。

二十九日。

聞賊兵犯本道錦山[52]云, 然則南沿粮道必絶矣。言念國事, 計無所及。又聞都元帥金命元, 以都城士大夫婦女妻妾趁不濟津, 皆斬云, 弟[53]妹{副司果金嶸妻.}之生死, 尙不聞知, 痛泣罔極, 後聞

---

49 건(健): 丁希孟은 첫째부인이 宋瑗의 딸 礪山宋氏인데 그 소생의 둘째아들 丁健(1565~1618). 본관은 押海, 初名은 丁鋏, 자는 子長, 호는 誠敬齋. 成渾의 문인이다. 정희맹의 둘째부인이 柳奇孫의 딸 興陽柳氏인데 그 소생은 딸(1574) 丁鈛(1583), 丁銃(1589)이다.

50 移次(이차): 대궐 밖에 나선 임금이 도중에 잠시 가마를 머무르게 함.

51 兵使(병사): 임진왜란 당시 이때 全羅兵使는 崔遠(생몰년 미상)을 가리킴. 1592년에 임진왜란이 일어나 군사 1,000명을 거느리고 의병장 金千鎰, 月串僉節制使 李蘋과 함께 礪山에서 적군의 진출을 막아 싸웠다. 김천일 등과 함께 남원·순창을 거쳐 북상하던 중 군사 4만 명을 거느리고 서울로 향하여 떠났던 전라감사 李洸 등 많은 군사가 용인에서 패전한 뒤라 수원에서 강화도로 들어가 주둔지로 삼고 군사를 모집하였다.

52 錦山(금산): 충청남도 동남단에 위치한 고을. 조선시대에는 전라도 관할이었다.

53 弟(제): 丁希參(1542~1594). 본관은 押海, 호는 涵濟. 厚陵參奉을 지냈다.

則見斬之說, 皆虛言也。然則, 何以保全耶?

▌七月

初五日。

聞申砬[54]{忠州敗軍將.}敗軍, 入北道, 募前日所知勇士百餘人, 變着倭服, 潛入都城, 賊知以同類, 開門許入, 亂斬賊首一百八十二級。且聞都元帥尹斗壽[55]{號梧陰.}, 與賊戰於靑石洞[56], 斬首一千七十四級云。慶尙義兵將郭再祐[57], 滿載賊耳一駄, 送于南原[58]云, 可快可快。南中至今無事, 功在李舜臣一戰之力也。

---

54 申砬(신립, 1546~1592): 본관은 平山, 자는 立之. 宣祖 때 무장. 벼슬은 한성부 판윤에 이르렀으며, 임진왜란 때 都巡邊使에 임명되어 충주 撻川江에서 背水之陣을 치고 왜군과 분투하다 전사했다.

55 尹斗壽(윤두수, 1533~1601): 본관은 海平, 자는 子仰, 호는 梧陰. 李滉·李仲虎의 문인이다. 1590년 宗系辨誣의 공으로 光國功臣 2등이 되어 海原府院君에 봉해졌다. 1591년 建儲問題로 鄭澈이 화를 입자 이에 연루되어 會寧에 유배, 다시 洪原·延安으로 移配되었다가 풀려났다. 1592년 임진왜란이 일어나자 왕을 호종하여 御營大將·右議政을 거쳐 左議政에 올랐다. 평양이 위태로워지자 義州로 피난갈 것을 주장하여 실현시켰고, 遼東으로 피난하려는 계획을 반대하였다. 1594년 세자를 시종하여 三道體察使가 되었고, 1595년 判中樞府事로 왕비를 海州에 시종하였다. 1599년 領議政이 되었으나 곧 사직하고 南坡로 돌아갔다.

56 靑石洞(청석동): 황해도 개성에 있던 동네. 윤두수는 한양에서 전투한 것으로 되어 구전상의 특징으로 와전된 듯하다.

57 郭再祐(곽재우, 1552~1617): 본관은 玄風, 자는 季綬, 호는 忘憂堂. 1585년 정시문과에 급제했지만 왕의 뜻에 거슬린 구절 때문에 罷榜되었다. 임진왜란 때 의병을 일으켜 天降紅衣將軍이라 불리며 거듭 왜적을 무찔렀다. 정유재란 때 慶尙左道防禦使로 火旺山城을 지켰다.

十二日。

驚聞高敬命敗於錦山, 與其子因厚[59]同死, 而義兵及防禦軍,
盡爲被害云, 然則鍵兒亦未免矣。痛歎奈何?

十四日。

聞全州[60]陷城之奇, 一鄕人皆爲船避之計, 安堵無路, 我獨何
爲? 後聞全州之敗, 虛說云。賊覘知其有備, 退屯龍潭[61]云。義
兵金淳昌齊閔[62]。亦敗云。

___

58　南原(남원): 전라북도 남동부에 위치한 고을.
59　因厚(인후): 高因厚(1561~1592). 본관은 長興, 자는 善健, 호는 鶴峯. 1592년 임진왜
　　란이 일어나자 전라도관찰사 李洸은 관군을 이끌고 북상, 공주에 이르러 선조가 몽
　　진하였다는 소식을 듣고 군대를 해산, 귀향시켰다. 이때 광주의 향리에 있으면서
　　아버지의 명에 따라 이들을 다시 모아 형 고종후와 함께 수원에 留陣하고 있는 丁允
　　祐에게 인계하고 행재소로 가려 하였으나, 길이 막혀 귀향 중에 북상중인 아버지의
　　의병 본진과 泰仁에서 합류하였다. 의병이 礪山에 이르러 黃澗·永同의 왜적이 장차
　　전라도로 침입하려 한다는 정보를 입수하고, 당초의 계획을 변경하여 금산으로 향하
　　였다. 금산에서 방어사 郭嶸의 관군과 합세하여 왜적을 방어하기로 하였으나, 왜적
　　이 침입하자 관군이 먼저 붕괴되고, 이에 따라 의병마저 무너져 아버지 고경명과
　　함께 전사하였다.
60　全州(전주): 전라북도 중부에 위치한 고을.
61　龍潭(용담): 전라북도 진안 지역에 위치한 고을.
62　金淳昌齊閔(김순창제민): 金齊閔(1527~1599). 본관은 義城, 자는 士孝, 호는 鼇峰.
　　1573년 식년 문과에 급제하여 형조의 郎官을 거쳐 화순현감·순창군수, 1586년 全羅
　　都事를 지낸 뒤 병으로 사퇴하였다. 1592년 임진왜란이 일어나자 향리에서 의병을
　　모집하여 대둔산 아래 주둔, 왜군을 맞아 싸웠다.

▌八月

初二日。

聞大駕爲賊所逼, 時駐龍川[63]云, 又聞行朝[64], 用兵曹判書李恒福[65]計, 遣請援使李德馨[66], 赴訴天朝。天朝聞遼左訛言, 朝鮮導倭入寇疑之, 兵部尙書石星[67], 遣指揮使黃應暘[68], 來探其虛實

---

63 龍川(용천): 평안북도 서단에 위치한 고을.

64 行朝(행조): 行在所. 전쟁 혹은 변란시 국왕이 궁궐을 떠나 임시로 머무르는 곳.

65 李恒福(이항복, 1556~1618): 본관은 慶州, 자는 子常, 호는 弼雲·白沙. 임진왜란 때 선조를 따라 의주로 갔고, 명나라 군대의 파견을 요청하는 한편 근위병을 모집하는데 주력했다. 1598년 陳奏使로 명나라를 다녀왔다. 1602년 鰲城府院君에 진봉되었다. 1617년 仁穆大妃金氏가 西宮(경운궁, 곧 덕수궁)에 유폐되고, 이어 폐위해 평민으로 만들자는 주장에 맞서 싸우다가 1618년에 관작이 삭탈되고 함경도 북청으로 유배되어 그곳에서 세상을 떠났다. 죽은 해에 관작이 회복되고 이 해 8월 고향 포천에 예장되었다.

66 李德馨(이덕형, 1561~1613): 본관은 廣州, 자는 明甫, 호는 漢陰·雙松·抱雍散人. 임진왜란이 일어나자 왜장 小西行長과 충주에서 담판하려 했으나 성사되지 못하였고, 대동강에서 玄蘇와 회담하여 그들의 침략을 논박하였다. 그 뒤 定州까지 선조를 호종하였다가 請援使로서 명나라에 원병을 청하였다. 귀국하여서는 대사헌이 되어 명군을 영접하고 군량의 수집을 독려하였다. 그해 12월 한성부 판윤이 되어 明將 李如松의 접반관으로 활동하였다. 이듬해 1월 판윤 직에서 물러났으나 4월에 다시 복귀하였으며, 형조·병조 판서를 거쳐 1594년 이조판서가 되었다. 1595년 경기도·황해도·평안도·함경도의 四道體察府使에 임명되었으며, 1597년 정유재란 때에는 명장 楊鎬와 함께 서울 방어에 힘썼다. 이 공으로 같은 해 38세의 나이로 우의정에 올랐고 곧이어 좌의정이 되었다. 전란이 끝난 후에는 判中樞府事가 되어 군대를 재정비하고 민심을 수습하는데 노력하였으며, 대마도 정벌을 주장하였으나 실행되지는 못하였고, 1598년 영의정이 되었다.

67 石星(석성, 1538~1599): 명나라 文臣. 隆慶 초에 글을 올려 內臣들이 방자하고 원칙이 없는 것을 지적했다가 廷杖을 맞고 쫓겨나 평민이 되었다. 萬曆 초에 재기하여 兵部尙書까지 올랐다. 일본이 朝鮮을 공격하자 조선을 구원했다. 妄人 沈惟敬의 말

後, 遂決東援之議. 乃遣遼東副總兵祖承訓[69], 遊擊將軍史儒[70], 將七千兵而來, 又命山東道, 出舟師十萬, 直屠日本云. 天兵進攻平壤, 殲滅無餘, 生擒倭酋截耳, 通告于京城倭曰: "爾輩能戰戰[71], 不能斯速出去." 云. 賊亦爲憤兵[72], 以輕銳萬餘, 又向平壤. 列鎭諸將, 束手無策, 鄭一師[73]澈{號松江.}, 尹左相斗壽, 設奇計於大同江邊, 挾擊大破之, 餘賊又合京倭, 更向關西云. 此則, 天兵盡殲耶? 自此庶有恢復之勢, 但我國軍師, 不肯赴戰, 道多逃亡, 云無可望矣.

을 믿어 貢議에 봉하자고 강력하게 주장하고, 豊臣秀吉을 일본국왕에 봉하는 것이 좋겠다고 말했다. 그러나 일이 실패한 뒤 관직을 삭탈당하고 하옥되었다가 죽었다.

68 黃應暘(황응양): 戚繼光이 왜구를 격파할 때 수하의 군관. 1592년 일본의 조선 침략과 관련된 정보를 수집하기 위해 조선에 왔다. 명나라로 돌아간 후 조정에 군대를 파견해 조선을 도울 것을 재촉했다. 1593년 다시 조선에 왔다. 조선인들이 제공하는 선물을 받지 않았다. 宣祖는 그의 군공과 성품을 높이 평가했다. 1612년 일본의 상황을 살피기 위해 다시 조선을 방문했다.

69 祖承訓(조승훈): 임진왜란 때 명나라에서 파견된 장군. 파병 당시 명나라 우군 總兵으로 1592년 7월에 기마병 3천을 거느리고 평양을 공격하게 하였으나 이기지 못한 채 퇴각하여 요동으로 되돌아갔다가 12월에 다시 副總兵 직위로 李如松 군대와 함께 와서 평양성을 수복하였다.

70 史儒(사유, ?~1592): 명나라의 요동성 유격대장. 문무를 겸비한 무장이었다. 일찍부터 비적들을 물리치는 등 전공을 세웠다. 임진왜란이 발발하자 조선을 원조하러 왔다가 평양성에서 전사했다.

71 戰戰(전전): 몹시 두려워하여 벌벌 떪.

72 憤兵(분병): 분노에 차서 이성을 잃고 상대방을 공격하는 군대.

73 一師(일사): 조선시대 世子侍講院의 수석 師傅를 이르는 말.

初九日。

聞前府使崔慶會[74], 起義兵, 往陣南原, 本邑丁大壽[75]·金夢海
等, 往從之。又抄前赴義兵, 故奴風金送之。

十一日。

見郭再祐數罪金睟[76]通書, 睟時以嶺伯, 不勤禦戎, 晏坐迎賊,
故以迎賊·喜敗·忘恩·不孝·欺世·無恥·忌成七罪目, 遍示一
國, 見來可知南人用心之道矣。所謂道伯如是, 則國何以恃之?
民何以依之?

---

74 崔慶會(최경회, 1532~1593): 본관은 海州, 자는 善遇, 호는 三溪·日休堂. 전라남도
陵州 출신이다. 1561년 進士가 되고, 1567년 式年文科에 급제, 寧海郡守가 되었다.
1592년 임진왜란 때 의병장이 되어 錦山·茂州 등지에서 왜병과 싸워 크게 전공을
세워 이듬해 경상우도 兵馬節度使에 승진했다. 그해 6월 제2차 晉州城 싸움에서 9주
야를 싸우다 전사했다.

75 丁大壽(정대수, 1548~?): 본관은 押海. 무과에 급제하여 梨津權官, 加德萬戶에 올랐
으며, 임진왜란 때 金夢海와 崔慶會 의병군에 참여하였다. 정희맹의 4촌 동생이다.
丁世光 → 2남丁瑗 → 1남丁大壽이다.

76 金睟(김수, 1547~1615): 본관은 安東, 자는 子昻, 호는 夢村. 1573년 알성문과에
급제하여 평안도관찰사·경상도관찰사를 거쳐 대사헌, 병조·형조의 판서를 두루
지냈다. 임진왜란이 일어났을 때 경상우감사로 晉州에 있다가 東萊가 함락되자 密陽
과 伽耶를 거쳐 居昌으로 도망갔다. 전라감사 李洸, 충청감사 尹國馨 등이 勤王兵을
일으키자 함께 龍仁전투에 참가했으나 패배한 책임을 지고 한때 관직에서 물러났다.
당시 의령에서 의병을 일으켰던 郭再祐와 불화가 심했는데 이를 金誠一이 중재하여
무마하기도 했으며, 경상감사로 있을 때 왜군과 맞서 계책을 세워 싸우지 않고 도망
한 일로 사람들의 비난을 받았다.

十三日。

聞本伯罷黜[77], 降定[78]白衣從軍之律, 以光州牧使權慄[79]。陞
差[80]領軍云。又聞錦山尙有餘賊, 崔慶會軍, 亦見敗云。

十四日。

聞大駕次義州[81], 世子次伊川[82], 手書勉諭義兵諸將, 見其辭

---

77 罷黜(파출): 현직을 파면하는 동시에 관등을 貶下함.
78 降定(강정): 武官에 대한 징벌의 한 가지. 벼슬을 낮추어 軍役시키는 것을 이른다.
79 權慄(권율, 1537~1599): 본관은 安東, 자는 彦愼, 호는 晩翠堂·暮嶽. 1582년 식년문
　과에 급제했다. 임진왜란이 일어나 수도가 함락된 후 전라도순찰사 李洸과 防禦使
　郭嶸이 4만여 명의 군사를 모집할 때, 광주목사로서 곽영의 휘하에 들어가 中衛將이
　되어 북진하다가 용인에서 일본군과 싸웠으나 패하였다. 그 뒤 남원에 주둔하여
　1,000여 명의 의용군을 모집, 금산군 梨峙싸움에서 왜장 고바야카와 다카카게[小早
　川隆景]의 정예부대를 대파하고 전라도 순찰사로 승진하였다. 또 북진 중에 수원의
　禿旺山城에 주둔하면서 견고한 진지를 구축하여 持久戰과 遊擊戰을 전개하다 우키
　타 히데이에[宇喜多秀家]가 거느리는 대부대의 공격을 받았으나 이를 격퇴하였다.
　1593년에는 병력을 나누어 부사령관 宣居怡에게 시흥 衿州山에 진을 치게 한 후
　2800명의 병력을 이끌고 한강을 건너 幸州山城에 주둔하여, 3만 명의 대군으로 공격
　해온 고바야카와의 일본군을 맞아 2만 4000여 명의 사상자를 내게 하며 격퇴하였다.
　그 전공으로 도원수에 올랐다가 도망병을 즉결처분한 죄로 해직되었으나, 한성부판
　윤으로 재기용되어 備邊司堂上을 겸직하였고, 1596년 충청도 순찰사에 이어 다시
　도원수가 되었다. 1597년 정유재란이 일어나자 적군의 북상을 막기 위해 명나라 提
　督 麻貴와 함께 울산에서 대진했으나, 명나라 사령관 楊鎬의 돌연한 퇴각령으로 철
　수하였다. 이어 順天 曳橋에 주둔한 일본군을 공격하려고 했으나, 전쟁의 확대를
　꺼리던 명나라 장수들의 비협조로 실패하였다. 임진왜란 7년 간 군대를 총지휘한
　장군으로 바다의 이순신과 더불어 역사에 남을 전공을 세웠다. 1599년 노환으로 관
　직을 사임하고 고향에 돌아갔다.
80 陞差(승차): 벼슬을 높이어 임명하는 것.
81 義州(의주): 평안북도 북서단에 위치한 고을.

意, 不勝痛泣。

二十七日。

以義穀事入校, 歸路逢校官[83]姜文弼[84]。聞賊倭尙在京城及開
城府, 恢復無期, 未知國事之如何云, 尤爲憤悶。又聞僧義兵亦
起云, 可嘉。

■ 九月

初三日。

未時, 聞京妹{金嶸妻.}攣諸兒, 來到高敞[85]孝仲{姓名無記.}兄主
家云。驚喜罔極, 卽命釴[86]兒與終世奴持馬, 發送于中路。亂離

---

82 伊川(이천): 강원도 서북부에 위치한 고을.

83 校官(교관): 鄕校의 敎官을 이르는 말.

84 姜文弼(강문필, 생몰년 미상): 본관은 晉州, 호는 松亭. 임진왜란 때 軍役에 보충되
    었으나, 微行 중인 宣祖에게 다음과 같은 詩賦를 지어 올려 크게 칭찬을 받고 군역을
    면했다고 한다. 곧 "연밥 따러 연못가 아홉 번 돌고, 꽃 꺾으러 桂殿에 세 번 올랐소.
    넘어지고 자빠져 뜻 못 이루고, 늦게야 이렇듯 軍丁에 뽑혔소.(九入蓮池蓮未實, 三登
    桂殿桂無花. 蹉跎未遂平生業, 白首功名統伍家.)"이다. 晉州姜氏 殷烈公派 姜一遇 →
    1남 姜自海 → 2남 姜文弼이다. 그런데 정희열의 장인인 姜革은 博士公派 10세손이고
    강문필 역시 은열공파 11세이니, 강문필은 정희열의 처숙뻘이다.

85 高敞(고창): 전라북도 서남단에 위치한 고을.

86 釴(익): 丁希孟의 둘째부인 소생 丁釴(1583~1638). 본관은 押海, 자는 國耳. 李适의
    난과 정묘호란 때 의병을 모집하였다. 부인이 晉州姜氏로 姜克良의 손녀요, 姜革의
    딸이다. 형인 丁鍵은 강극량의 딸과 결혼했다.

中, 何以保全生還? 此天必默佑而然也。蘇喜病懷, 不覺雀躍折
屐[87]之動。

初四日。

申時, 阿妹[88]行次入來, 李民章{金嶸女婿。}, 妻及金仁澤{金嶸三
子。}陪來。來自江華, 乘船十餘日, 到泊羣山浦{在扶安。}。自浦跋
涉山川, 行至萬頃[89], 幸逢金淳昌齊閔[90]父子, 以其所騎馬, 使乘阿
妹母女至東津[91]{在扶安。}, 厥恩罔極。投宿瓮井{金泰福[92]號。}近村,
又得價馬, 艱入卜柱洞{在高敞。}, 留一日, 入來龍山[93]。自四月二

---

87 折屐(절극): 나막신 굽 부러짐. 晉나라 장군 謝玄이 前秦 符堅의 군대를 격파했을
  때, 그 첩보를 받고도 謝安은 짐짓 손과 마주앉아서 바둑을 두고 또 글을 보면서
  전혀 기쁜 기색을 보이지 않다가, 한참 뒤에 內室로 들어가면서는 기쁜 마음을 자제
  하지 못하여 나막신 굽이 부러져 나간 것도 몰랐다는 데에서 온 말이다.

88 阿妹(아매): 누이동생.

89 萬頃(만경): 전라북도 김제 지역의 옛 지명.

90 齊閔(제민): 金齊閔(1527~1599). 그의 둘째 아들 金曙가 丁希閔의 딸과 결혼하였다.
  결국 딸의 시고모에게 말을 내준 것이다.

91 東津(동진): 부안의 관문인 동쪽 나루를 일컫는 말. 전라북도 扶安縣에 있던 나루터
  이다. 泰仁과 井邑 두 고을의 물이 金堤 碧骨의 물과 합하여 서쪽으로 흘러서 興德
  동쪽에 이르러 古阜 訥堤의 물과 어울려 동진이 되는데, 조수가 이르므로 다리를
  놓아 행인을 다니게 하고, 만경현 서남쪽을 지나 바다에 들어간다.

92 金泰福(김태복, 1552~?): 본관은 扶安, 호는 瓮井. 昌樂道察訪 金光의 아들로, 1585
  년 生員試에 입격하였으며, 임진왜란 때 의병을 일으켜 靈光城을 지켰다. 丁鎭의
  장인이다. 丁世光 →1남丁琦→3남丁希說→1남丁鎭인데, 정진의 첫째부인이 바로
  扶安金氏이다. 둘째부인은 驪陽陳氏로 陳翼臣의 딸이며, 셋째부인이 安東金氏로 金
  景哲의 딸이다.

93 龍山(용산): 전라남도의 靈光과 羅州 사이에 있는 마을.

十七日, 避亂奔竄, 一家保全, 天也。如此亂離中, 得見再生之人, 不亦幸乎? 但元氣澌盡, 粥物不入口, 呻吟臥病, 不省人事, 侄女尤甚, 慮其不能救, 此可憫也。卓卿{嶸一子.}率其妾, 自東津分離, 向順天云, 可怪。其後金仁漑{嶸二子.}往尋, 亦不來云。

十一日。

見主上教諭本道士民書{七月二十六日所出.}, 以竭力盡忠, 期於恢復之意下諭。又見王世子教書{八月一日所出.}, 以南中人材財賦[94], 益勉王事之意下諭。聖教若是懇惻, 而更無一人起義者, 憤歎無已。

十六日。

義穀一石, 載送于法聖浦[95]{在本郡.}, 有司李宏中[96]·李容中[97]·

94 財賦(재부): 국가 재정의 원천이 되는 온갖 세금을 통틀어 이르는 말.

95 法聖浦(법성포): 전라남도 영광군 법성면 해안에 있는 포구.

96 李宏中(이굉중, 1537~1608): 본관은 廣州, 자는 景輝, 호는 鶴梅. 전라남도 영광 출신이다. 아버지가 李峻齡(1498~1556)이다. 奇大升의 문인으로 문장이 뛰어났고, 1568년 증광시에 합격하였다. 임진왜란이 일어나자 아우 李容中과 함께 격문을 만들었고 전투에 필요한 양식을 마련해서 전투 중인 錦山으로 보냈다. 첫째아들 李侹(1564~1597)의 장인이 丁希參이며, 둘째아들 李佾(1567~1592)의 장인 丁在溫이다. 둘 다 압해정씨이다. 정희맹으로서 이굉중은 동생의 사돈이다.

97 李容中(이용중, 1543~1597): 본관은 廣州, 자는 景洪. 전라남도 靈光 출신이다. 1570년 식년시에 급제하였다. 첫째아들 李侃(1570~1636)의 부인이 晉州姜氏로 姜克文의 딸이다. 丁希說의 장인이 晉州姜氏 姜革인데, 강극문은 바로 강혁의 아들이

李洪鍾[98]·李克扶[99]，受之義穀。大將奇孝曾[100]{高峰[101]先生子.}，領近邑所聚米，漕運于行在所。日前長片箭幷十箇，白米五斗，因校中人便，送于義兵所。吾雖如此，境內大小民人，數次勸送，

다. 따라서 이용중은 정희맹 동생인 정희열 처남의 사위이다.

98 李洪鍾(이홍종, 생몰년 미상): 본관은 全州, 자는 季鳴, 호는 寒泉. 아버지는 李鶴이다. 전라남도 영광 출신이다. 襄度公 李天祐의 후손이다. 李應鍾·李黃鍾의 동생이다. 임진왜란이 일어나자, 이홍종은 의곡을 모아 물길을 따라 행재소와 高敬命, 郭再祐의 진영에 각각 전달하였다. 또한 明軍의 군영에도 군량미를 지원하였으며, 龍灣으로 양곡을 수송하는 한편으로, 晉州에는 군병을 모집하여 보냈다. 정유년에 韓浚謙이 나라에 포상하여 줄 것을 啓達하여 참봉 직이 제수되었다. 그러나 守墓 3년을 하는 중이므로 벼슬에 나아가지 아니하였다. 그 뒤 효성이 지극하다고 조정에 알려져 宣祖 때에 黃山道察訪에 임명되었다. 李孝常 →1남 李世元 →1남 李鶴 →1남 李應鍾 / 2남 李黃鍾 / 3남 李洪鍾인데, 정희맹의 6촌 형인 丁士彦(1534~?)의 부인이 全州李氏로 李鳳의 딸이다. 이봉은 李孝常 →2남 李世亨 →1남 李鳳이다. 따라서 정희맹과 이홍종은 처남매부 사이가 된다.

99 李克扶(이극부, 1555~1623): 본관은 全州, 자는 子正, 호는 七梅憲. 전라남도 영광 출신이다. 아버지는 李應鍾이고, 李洪鍾의 조카이다. 1588년 식년시에 합격하였다. 임진왜란이 일어났을 때 전라남도 光州의 義兵所에 軍糧을 보내는 등 나라를 구하기 위해 노력하였으나 당시 朋黨의 세력 다툼으로 정세가 어지러움을 보고 벼슬길에 나가지 않았다고 전한다.

100 奇孝曾(기효증, 1550~1616): 본관은 幸州, 자는 伯魯, 호는 涵齋. 高峰 奇大升의 아들이다. 1592년 임진왜란이 일어나자 金德齡이 담양에서 의병을 일으킬 때 都有司로 격문을 짓고 군사를 모집하였다. 그 결과 의병 1,000인과 군량미 3,000여 석을 확보하여 전라도 각지에서 왜군을 물리쳤다. 그 뒤 휘하 의병을 이끌고 바다를 건너 龍灣에 이르러 왕의 행재소에 나아가 시위하였는데, 왕의 총애를 크게 받아 형조정랑에 발탁되었고, 이어서 군기시첨정에 올랐다.

101 高峰(고봉): 奇大升(1527~1572). 본관은 幸州, 자는 明彦, 호는 高峯·存齋. 전라남도 羅州 출신이다. 이황과의 서신 교환을 통하여 조선유학사에 지대한 영향을 미친 四七論辨을 전개하였다. 1572년 성균관대사성에 임명되었고, 이어서 宗系辨誣奏請로 임명되었으며, 대사간·공조참의를 지내다가 병으로 벼슬을 그만두고 귀향하던 도중에 古阜에서 객사하였다.

皆不肯許出。不勤之責, 雖歸於都有司, 我何爲哉? 丁潑[102]先送
一斗米, 可嘉。然若此而何以收之?

二十四日。

聞錦山倭賊出去云, 然則, 本道可以得全乎? 賊謀難測, 何可
信也?

二十七日。

奇孝曾到院{延德院[103].}, 先使人問安, 答曰: "古人云: '世亂識
忠臣[104].' 豈以有位無位而言也? 凡我同志之士, 激發忠誠, 鼓動
義氣, 殲盡醜類, 掃淸區域, 奉還乘輿[105], 則丈夫之事畢矣。如
我老病, 已矣已矣, 義兵諸將, 敢不勖哉?" 聞姜沆[106]奮然登舟,

---

102 丁潑(정발): 鄭潑의 오기. 본관은 羅州, 아버지는 鄭如麟이다. 정여린은 선조 때 무
   과에 급제하였다. 임진왜란이 일어나자 군량을 李億祺군에 공급하였다. 또한 金德齡
   을 도와 적군을 참살하였으며 李元翼의 부산진 공격에 참가하여 전공을 세웠다. 인
   조 때에는 李适의 난과 정묘호란에 전공을 세웠으며 벼슬이 가선대부 경원도호부사
   에 이르렀다.
103 延德院(연덕원): 전라남도 영광군 남쪽 20리에 있던 驛院.
104 世亂識忠臣(세란식충신): 《史記》〈魏世家篇〉의 "가정이 어려울 때 좋은 아내가 생각
   나고, 세상이 어지러울 때 충신을 분별할 수 있으며, 세찬 바람이 불면 굳센 풀인지
   알 수 있다.(家貧思良妻, 世亂識忠臣, 疾風知勁草.)"에서 나오는 말.
105 乘輿(승여): 大駕. 임금이 타는 수레.
106 姜沆(강항, 1567~1618): 본관은 晉州, 자는 太初, 호는 睡隱. 전라남도 靈光 출신이
   다. 1593년 전주 별시문과에 급제, 교서관정자가 되었다. 이듬해 假注書를 거쳐

赴于行在云, 丁鐸[107]又赴義曰: "不遇盤根[108], 何以別利器? 不入
屌穴, 何以得虎子? 此正垂功名於竹帛之秋也."云。故稱賞者久
矣, 後聞則皆中止云。

▌十月

初二日。

聞主官[109]遭內艱[110], 而以伏兵將赴錦山, 未及永訣云, 主官卽

1595년 교서관박사가 되고, 1596년 공조좌랑과 이어 형조좌랑을 역임했다. 1597년
고향에 내려와 있던 중 정유재란이 일어나자 분호조참판 李光庭의 종사관으로 군량
미 수송의 임무를 맡았다. 아군의 전세가 불리해져 남원이 함락당하자 고향으로 내
려와 순찰사 종사관 金尙寯과 함께 격문을 돌려 의병 수백 인을 모았다. 영광이 함락
되자 가족들을 거느리고 해로로 탈출하고자 했다. 그러나 포로가 되어 일본으로 압
송, 오쓰성[大津城]에 유폐되고 말았다. 강항은 姜希孟→2남 姜鶴孫→2남 姜亨壽
→1남 姜五福→1남 姜克儉의 아들이다. 丁說의 장인인 姜革은 姜希孟→2남 姜鶴
孫→3남 姜欣壽→2남 姜革이다. 강혁은 강항의 재종조부이다. 따라서 강항은 정희
열의 처손자뻘이다. 정희열의 조카 丁鎔도 강혁의 딸을 부인으로 삼았다. 또한 정희
열의 조카 丁鍵은 장인이 姜克良이어서 강항은 정건의 처조카뻘이다. 정건의 동생인
丁釴은 강극량의 아들 姜洪의 사위이기도 하다.

107 丁鐸(정탁, 생몰년 미상): 丁碩弼→1남 丁世光→1남 丁琦→2남 丁希閔의 아들.

108 盤根(반근): 盤根錯節. 구부러진 나무뿌리와 울퉁불퉁한 나무의 마디. 세상일에 난
관이 많음을 비유하는 말이다. 보통 걸출한 재능을 발휘할 수 있는 절호의 기회라는
뜻으로 쓰이곤 한다. 後漢의 虞詡가 "반근착절의 상황을 만나지 않는다면, 칼이 예리
한지 무딘지 분간할 수가 없으니, 지금이야말로 내가 공을 세울 기회이다.(不遇盤根
錯節, 無以別利器, 此乃吾立功之秋.)"라고 말한 고사가 전한다.

109 主官(주관): 主倅. 자기가 살고 있는 고을의 수령

110 內艱(내간): 모친의 초상.

前參判南宮忱[111]子也。參判與吾先君[112]同年[113], 故{丁酉同榜進士.}
爲本伯時, 入吾家, 與先君密席穩話, 情義有別。及主官下車[114],
又以世誼相從, 內外咸知其誼。未久聞訃慘憐, 只其弟泳治喪[115]
云耳。日前聯枕於柳士受[116]{益謙.}家矣, 卽欲入弔, 而左膝股酸
痛, 未得運步, 可悶。

初五日。

與君遇齊戒[117]入齊[118]。

---

111 南宮忱(남궁 침, 1513~1573): 본관은 咸悅, 자는 誠仲. 1540년 별시에 급제하였고,
   1558년 개성유수, 1561년 경상도 관찰사, 1564년 전라도 관찰사, 형조참판 등을 역
   임하였다. 부인은 許允寬의 딸 陽川許氏이다.
112 先君(선고): 先考. 돌아가신 자신의 아버지를 이르는 말.
113 同年(동년): 같은 해에 登科한 사람.
114 下車(하거): 지방관의 부임을 지칭하는 말.
115 治喪(치상): 初喪을 치름.
116 柳士受(류사수): 柳益謙(?~1597). 본관은 高興, 호는 枕流亭. 1592년 임진왜란을 당
   하자 軍糧米를 거두어 高敬命과 郭再祐 등이 이끄는 倡義所에 보내고, 다시 군량미
   를 모아 奇孝曾이 싸움을 벌이고 있던 義州(옛 龍灣)까지 뱃길로 운반해 주었다. 또
   함께 의병을 일으킨 사람들과 靈光에서 城을 사수하다 1593년 왜적들이 물러갔다는
   소식을 듣고서야 의병 활동을 멈추었다. 그 후 자신의 재산을 털어서 體察使 鄭澈에
   게 보내주는 등 국가 수호를 위해 물심양면으로 도왔다. 1597년 정유재란 때 바다에
   서 다시 왜적들의 공격을 받자, "의롭지 못하게 살아 있는 것보다는 죽음으로 節義
   지키는 것이 낫다."며 부인 송씨와 첫째아들 柳潗과 셋째아들 柳瀹 그리고 두 며느리
   金氏와 丁氏를 긴 끈으로 옷소매가 연결되도록 꿰맨 후, 일가족이 함께 七山 바닷물
   로 뛰어들어 순절하였다. 柳壕→1남 柳福謙 / 2남 柳益謙→류복겸의 아들 柳永海
   / 1녀 李克持 / 2녀 李大振 / 3녀 宋渭龍 / 4녀 李止道·류익겸의 1남 柳潗 / 2남 柳澳
   / 3남 柳瀹 / 1녀 金奉福 / 2녀 辛慶德이다. 둘째아들 柳澳(1566~1630)는 丁希孟의
   동생인 丁希參의 딸과 결혼하였으므로 서로 사돈간이다.

初六日。

曉, 安行祖父忌祀, 同君遇下南竹[119]。李芬[120]·李夒[121]適到,
偕轡入邑, 主官尙未奔喪[122], 只弔南宮泳而還。

初八日。

以家中憂故, 京妹下迭于外間, 我則姑避于書堂。

---

117 齊戒(재계): 몸과 마음을 깨끗이 하고 행동을 삼가는 것.

118 入齊(입제): 제사지낼 채비를 시작함.

119 南竹(남죽): 1480년경 水原崔氏가 처음 들어와 형성한 마을. 여러 성씨가 살고 있고
   마을의 형국이 대나무 모양처럼 생긴 큰 마을이라 하여 남죽면 大理라고 하였으며
   1914년 행정구역 개편으로 관산면 錦山里 일부지역을 합하여 군서면 남죽 1리로 편
   입하였다.

120 李芬(이분, 생몰년 미상): 본관은 咸平, 자는 元馥, 호는 西溟. 아버지는 李大龜이다.
   姜沆과 함께 공부하였는데, 문장과 節行이 저명하였다. 임진왜란 때 李宏中 등 18인
   과 함께 창의하여 격문을 내고 병마와 군량미, 무기를 모아 高敬命·任啟英의 義兵所
   에 보냈다. 또한 물고기와 소금을 팔아 쌀 100석을 모아 崔慶長의 진으로 보냈다.
   영광의 수령이 성을 비웠을 때 李應鍾 등 54인과 함께 죽기를 맹서하고 성을 지켰다.
   李芬은 李稠→2남 李興枚→2남 李世華→3남 李大龜→4남 李芬으로 함평이씨 15
   세손인데, 그의 맏형 李荃의 부인이 押海丁氏이지만그 父系를 알 수가 없다. 또한
   李塤은 李憻→2남 李云卿→李舜枝→1남 李汝霖→1남 李軾→3남 李忠禮→3남
   李塤으로 함평이씨 17세손인데, 첫째부인이 押海丁氏로 丁希說의 딸이다.

121 李夒(이기, 생몰년 미상): 본관은 咸平, 자는 敬叔. 李稠→2남 李興枚→2남 李世華
   →1남 李卜龜→2남 李夒이다. 임진왜란 때 전사한 것으로 전해진다. 李芬과 李夒는
   4촌 형제간이다. 아들은 李敏謙이다.

122 奔喪(분상): 먼 곳에서 어버이의 죽음을 듣고 급히 집으로 달려옴.

十二日。

聞賊兵彌滿一國, 而惟湖西·湖南, 頗得小完, 然雲峯[123]·錦山
等邑, 已作賊窟, 則未知朝夕之間, 至於何境也。若袖手傍觀,
連陷南州, 則生民被殺, 不足擧論, 軍國[124]粮道, 何以繼之? 百爾
思之[125], 保城安堵[126], 未有其策。乃貽書{書見二卷.}於境內同志
之士, 以爲守城之計。

十三日。

聞巡察使以李邦柱[127]爲本郡假官[128], 以鎭人心。盖主官遭喪
故如是, 然民間日益騷動, 安靜無路, 守城之事, 不可不急行也。

十六日。

以守城期會事入邑, 則無一人來矣。夕李和叔[129]{應鍾.}·李季

---

123 雲峯(운봉): 전라북도 남원의 중동부에 위치한 고을.
124 軍國(군국): 현재 전쟁을 하고 있는 나라.
125 百爾思之(백이사지): 여러 가지로 이리저리 생각해 봄.
126 安堵(안도): 편안하고 안정된 상태를 이르는 말.
127 李邦柱(이방주, 1542~1597): 본관은 咸平, 자는 任重·汝擎·重卿. 전라남도 潭陽 출
  신이다. 1576년 大同察訪을 거쳐, 1583년 茂長縣監에 재직할 때에 荒租 1만여 섬의
  부실이 戶曹郎廳에게 적발되어 拿推당하였으며, 1594년 古阜郡守를 지내고, 直提學
  에 이르렀다. 정유재란이 일어나자 가솔을 이끌고 피난을 가는 도중에, 왜적을 만나
  부자가 함께 목숨을 잃었다.
128 假官(가관): 임시관직. 정원 외에 추가로 임용하는 경우와 중요관직에 결원이 생겼
  을 때 이미 다른 관직에 있는 자가 겸임하는 경우가 있다.

鳴[130]{洪鍾}, 挈其子姪而來, 李景洪[131]{容中} · 君遇弟, 繼至, 同留
于校中, 達夜相議, 皆以急行之事言之。

十七日。

一鄕士子某某人, 無不來會, 以此推之, 則足可以起義勤王
也。一書而來者, 如是其多矣。

十八日。

設筵於箕城舘[132], 次第而坐, 遂大議事。議在甲乙, 妄以余欲
爲盟主。余出座而立曰: "今日之事, 非立身揚名之擧也。乃爲
國存家之計, 凡於其任辭而不當者, 可謂悖義。然顧念此物, 百
病在身, 呻吟委頓, 不省世事者多矣。發文設行, 決無自當之意,
幸望僉座下, 詳擇望重之人而任之也。城之守不守, 郡之安不
安, 繼在其人, 可不愼哉?" 於是座中, 默默無言。余又曰: "今日

---

129 和叔(화숙): 李應鍾(1522~?)의 字. 본관은 全州, 호는 四梅堂. 임진왜란이 발발하자
71세의 노령에도 불구하고 동생 李洪種과 아들 李克扶와 함께 전라남도 長城 南門
倡義에 참가하였다. 이응종은 호남 의병에 가담하여 光州의 의병 진영에 군량미와
군수물자를 보급하였고, 義州의 행재소에 군량을 수송하는 데 전력하였다. 그러던
중 靈光郡守 南宮睍의 상을 당하자 정희맹 등 48인이 이응종을 靈光城 守城大將으로
추대하였다.
130 季鳴(계명): 李洪鍾(생몰년 미상)의 字.
131 景洪(경홍): 李容中의 字.
132 箕城舘(오성관): 일종의 영광군청. 箕城은 靈光의 옛 지명이다.

之議, 日中不決, 苟非謀大事之本意也。幸出公議處之也." 又無
一人起言者。余乃作密筒而輪回[133]之, 收而見之, 衆望都歸於和
叔。卽以和叔爲都別將, 其下諸任, 次次收議分定, 任號二十四,
人員五十五也。間以能勝之人, 或兼二任, 則無敢免焉。遂合
席, 歃血而盟, 曰: "凡我同盟之人, 旣盟之後, 違盟者斬." 自是,
各執其役, 惟以殉城死事爲意。士氣憤發, 軍情嚴肅。是日, 鏡
兒入來, 鬼形已成, 滿座莫知, 痛泣痛泣。聞其言, 則發行時, 暑
疾去益苦劇, 呈病狀, 免還矣。中路益添, 呻吟行露, 公州[134]萬
德寺僧性旻者, 見而憐之, 擔負入寺, 自七月二十日, 至九月晦,
一不出門, 五徑死變, 而幸賴神僧之恩, 得全一縷而來云。亂離
之事, 不忍提說也, 子有患難, 父所不知, 時耶命耶? 歎如之何!
使之卽爲還家, 則和叔向余言曰: "令允[135]旣是萬死得生, 則不可
不入此盟." 遂以軍官之任望定, 使之調理入直云。以渠之形狀,
實難擧行, 而事繼名義, 故不得請遞而去矣。

○ 都別將 生員李應鍾, 副將 前萬戶姜泰[136]。從事官 幼學李洪鍾
·李琨[137]·辛長吉[138]·丁希說·林濬春[139]·生員李容中。軍正　前參

---

133 輪回(윤회): 차례 도는 것.
134 公州(공주): 충청남도 동부 중앙에 위치한 고을.
135 令允(영윤): 令胤. 상대의 아들을 높여 부르는 말.
136 姜泰(강태): 본관은 晉州, 자는 亨叔. 姜希孟의 증손, 姜欣壽의 아들이다. 法聖浦萬戶
　　를 지냈다. 임진왜란 때 李宏中 등 18인과 함께 의병과 양곡을 모아 義兵所에 보냈고,
　　李應鍾 등 54인과 함께 靈光城을 지켰다. 강태는 정희열의 장인 姜革의 동생이니,
　　정희열에게 처삼촌이 된다.

奉李宏中·幼學丁希孟。參謀官　幼學李憲[140]·忠順衛李安鉉[141]·
前副將李玉[142]·幼學盧石齡[143]·柳益謙·金載澤[144]·丁希說·奉端

137 李琨(이곤, 1542~?): 본관은 咸平, 자는 德粹, 호는 南岳. 李天柱 →1남 李熙林 →
1남 李瑜 →2남 李岸 →2남 李桂亨 →2남 李碩 →7남 李長榮(1521~1589) →李琨으
로 함평이씨 17세손이다. 압해정씨 13세 丁喬의 외손자인 全義李氏 李憲의 아들이
海州吳氏 吳慤의 딸에게 장가갔는데, 오각의 부인이 바로 이곤의 친고모이다. 함평
이씨 16세 竹谷 이장영은 李應鍾과 鄕飮禮와 鄕射禮를 강론하며 실천하였다.

138 辛長吉(신장길, 1543~1598): 본관은 寧越, 자는 叔欽. 전라남도 靈光 출신이다. 정
유재란 때에 일본군이 몰려온다는 소식을 듣고 족질인 辛應純(1572~1636)과 함께
향교 대성전에 있던 위패, 제기, 의궤 등을 안전한 곳에 보관하기 위해 배로 안마도
에 옮겼다. 丁希孟의 둘째아들인 丁鍵의 아들 丁濟元에게 큰 딸(1591~1670)을, 넷째
아들인 丁銑에게 작은 딸(1593~1656)을 시집보내었으니, 정희맹과 사돈이다.

139 林遂春(임수춘, 1545~?): 본관은 長興, 자는 景時. 전라남도 靈光 출신이다. 아버지
는 林沃이다. 1573년 식년시에 급제하였다. 林沃의 형제인 林混은 林逗春과 林遇春
을 두었으며, 임우춘은 林興震과 林華震을 두었다. 林華震의 부인이 押海丁氏로 丁
溫의 딸이다. 정온은 정희맹과 똑같은 압해정씨 11세손으로 족형제간이다.

140 李憲(이헌, 생몰년 미상): 본관은 全義, 자는 君式, 호는 石淵. 아버지는 李仁老이다.
임진왜란 때 李宏中 등 18인과 함께 창의하여 격문을 보냈다. 조운으로 義穀을 行在
所에 보냈고, 군량미를 모아서 光州에 있는 高敬命의 義兵所와 명나라 장수 陳璘의
군에 보냈다. 이인로는 부인이 押海丁氏로 丁喬의 딸인데, 정교는 丁衍(丁浹) →1남
丁子伋 →1남 丁壽崑 →3남 丁喬로 압해정씨 13세손이다. 이헌은 압해정씨의 외손
이다. 이헌의 아들은 海州吳氏 吳慤의 딸에게 장가갔으니, 그 오각은 咸平李氏 李長
榮의 매부이자, 이헌의 친고모이다.

141 李安鉉(이안현, 1520~1594): 본관은 廣州, 자는 台卿, 호는 醉石亭. 아버지는 李熙
廣, 할아버지는 陰崖 李聞이다. 전라남도 靈光 출신이다. 부인은 押海丁氏로 丁一枝
→2남 丁碩霖 →2남 丁舜亨의 딸이다. 정순형은 압해정씨 9세손이고, 그의 아들 丁
應壁과 이안현의 부인은 친남매간이다. 임진왜란 때 영광에서 奇孝曾과 함께 군량을
모아 光州의 義所로 보내고 동지들과 더불어 城을 지켰다. 아들 李璪은 병자년에
車駕를 扈從하였다. 이안현은 정희맹의 族姑叔이다.

142 李玉(이옥, 1532~1596): 본관은 咸平, 자는 德潤. 李天柱 →1남 李熙林 →1남 李瑜
→2남 李岸 →2남 李桂亨 →2남 李碩 →4남 李萬榮(1510~1547) →李玉으로 함평이
씨 17세손이다. 첫째 부인이 晉州姜氏 姜坤壽의 딸이고, 둘째 부인이 靈光丁氏로

懿[145]·林遂春。掌文書 金泰福[146]·李芬·李克扶·姜沆。弊瘼官 李
容中·李克扶。守城將 忠順衛吳貴英[147]。從事官 忠義金楠壽[148]·幼

丁仁佑→丁需→丁台弼의 딸이다. 정태필이 압해정씨 10세이니, 그의 사위인 이옥은
정희맹과 족매부 사이다. 또 李琨과는 4촌 형제이다.

143 盧石齡(노석령, 생몰년 미상): 본관은 寶城. 아버지는 盧大畜이다. 임진왜란 때 군량
을 모집하여 光州의 義所로 보냈고, 1597년 온 집안이 함께 죽었는데 아들 盧尙龍과
아내 高氏는 적을 꾸짖고 칼로 자진하였다. 노대축은 丁希顔의 장인이니, 노석령은
정희안의 처남이다.

144 金載澤(김재택, 생몰년 미상): 본관은 商山, 자는 潤卿. 金云寶의 6대손이고 金守潘
(金壽潘)의 증손이다. 임진왜란 때 李宏中과 함께 병사와 곡식을 모아 光州 義兵所에
보냈으며, 또 조운으로 行在所에 보내게 했다. 또 형 金載淵과 동생 金載池와 함께
병량미를 모아 任啓英의 義兵陣에 보냈다.

145 奉端懿(봉단의: 1538~1592): 본관은 河陰, 호는 松灘. 사육신 朴彭年의 매제인 奉汝
諧의 4대손이며, 金麟厚의 문인이다. 임진왜란 때 창의하여 동지들과 성을 지키고
군량을 모았다. 奉汝諧→1남 奉寅→5남 奉時賫 / 1녀 宋欽→1남 奉鵬 / 1녀 李延白
(李迎白의 오기) / 1남 奉端懿 / 1녀 丁嚴壽(丁巖壽의 오기)이다. 정희맹의 伯父 丁琦
의 넷째 아들이나 아무런 사실이 없다.

146 金泰福(김태복, 1552~?): 본관은 扶安, 자는 汝膺, 호는 瓮井. 전라북도 扶安 출신이
다. 昌樂道察訪 金光의 아들로, 1585년 生員試에 입격하였으며, 임진왜란 때 의병을
일으켜 靈光城을 지켰다. 丁鎭의 장인이다. 丁世光→1남 丁琦→3남 丁希說→1남
丁鎭인데, 정진의 첫째부인이 바로 扶安金氏이다. 둘째부인은 驪陽陳氏로 陳翼臣의
딸이며, 셋째부인이 安東金氏로 金景哲의 딸이다.

147 吳貴英(오귀영, 1536~1604): 본관은 海州, 자는 仲賢, 호는 東崗. 吳知堡의 손자이
다. 임진왜란 때 창의하여 義穀을 모아 水路로 行在所에 바치고 군량을 高敬命과
崔慶會의 군영으로 보냈으며, 동지들과 맹세하고 영광을 지켰다. 그의 둘째아들 吳
璹(1568~1646)은 첫째부인이 晉州姜氏로 姜叔의 딸이고, 둘째부인이 押海丁氏
(1578~1655)로 丁季眞의 딸이다. 그렇지만 압해정씨 족보에서는 찾을 수가 없다.

148 金楠壽(김남수, 1561~1597): 본관은 商山, 자는 滕老. 임진왜란 때 종사관으로 출정
했으며 영광 불갑 원당에 거주하였다. 金德生의 5대손으로 아들은 金躍麗이다. 1594
년 조정에서 날래고 용맹하다 하여 특별히 선전관을 제수하였고, 정유재란 때 임금
이 피난길에 나선다는 소식을 듣고 형 金椿壽와 함께 근왕하러 가던 중 錦江에서
갑자기 적을 만나 싸우다가 죽었다.

學丁汝璣[149]。都廳書記 幼學金九容[150]·丁應璧[151]·吳玧[152]·丁久[153]。

大將軍官 丁鏡·柳永海[154]·李孝顔[155]·李克揚[156]·李克授[157]。副將

---

149 丁汝璣(정여기, 생몰년 미상): 본관은 押海, 자는 仲美. 무과에 급제하여 主簿를 지
    냈다. 丁梃→1남 丁世麟→3남 丁津→1남 丁汝璣로 압해정씨 11세손이다. 정희맹
    과는 족형제간이다.

150 金九容(김구용, 생몰년 미상): 본관은 錦山, 자는 聖汝, 호는 竹窩. 金郁→1남 金敬
    行→1남 金茹→3남 金希雍→1남 金潝→1남 金九容으로 錦山金氏 22세손이다. 김
    희옹의 딸이 廣州李氏 李峻齡(1498~1556)에게 시집가서 李宏中과 李容中을 낳았다.
    이준령은 자는 天老, 호는 竹軒, 1534년 알성시에 급제하였다. 홍문관 교리, 초계와
    마전 등 군수를 지냈고, 경상도어사, 삼도해운판관, 한성판관을 지냈다.

151 丁應璧(정응벽): 丁應璧(생몰년 미상)의 오기. 본관은 押海. 丁一枝→2남 丁碩霖→
    2남 丁舜亨→1남 丁應璧으로 압해정씨 10세손이다. 정희맹에게는 족숙이 된다.

152 吳玧(오윤, 1553~1627): 본관은 海州, 호는 白鶴. 吳龍老→2남 吳塾→2남 吳千齡
    →2남 吳克忠→1남 吳玧으로 海州吳氏 15세손인데, 吳璘은 吳龍老→1남 吳堡→2남
    吳允佐→2남 吳貴英→2남 吳璘으로 역시 해주오씨 15세손으로 오윤의 삼종동생이다.
    그런데 吳璘(1568~1646)은 첫째부인이 晉州姜氏로 姜叔의 딸이고, 둘째부인이 押海丁
    氏(1578~1655)로 丁季眞의 딸이다. 그렇지만 압해정씨 족보에서는 찾을 수가 없다.

153 丁久(정구, 생몰년 미상): 본관은 押海, 자는 子誠. 진사에 합격하였다. 부인이 光州
    李氏로 李安唐의 딸이다. 丁仁祐→1남 丁需→1남 丁台弼→1남 丁久→1녀 李塽으
    로 압해정씨 11세손이니 丁希孟과 같은 항렬이다.

154 柳永海(류영해, 1561~1617): 본관은 高興, 자는 深源, 호는 茅亭. 柳義聞의 증손이
    고, 柳壕의 손자이며, 柳福謙의 아들이다. 1592년 임진왜란을 당하자 군량미를 모아
    高敬命과 郭再祐 등이 이끄는 倡義所에 보냈다. 그런 후 다시 군량미를 모아 李宏中
    과 함께 法聖浦까지 운반한 후, 奇孝曾이 싸움을 벌이고 있던 龍灣(의주)까지 뱃길로
    군량미를 운반해주기도 하였다. 또 嶺南에서 陣을 치고 있는 郭再祐의 진영에도 군
    량미를 모아 보냈다. 그 후 季父 枕流亭 柳益謙을 따라서 靈光에서 城을 사수하였다.
    1617년 광해군이 인목대비를 廢庶人 하려고 논의한다는 소식을 듣고, 부모에 대한
    효를 버리는 廢母의 논의이므로 비판하였다. 그는 이 일로 모함을 받아 함경북도
    會寧으로 귀양 가서 죽었다. 그의 숙부인 류익겸의 둘째아들 柳澳가 丁希參의 딸과
    결혼하였다.

155 李孝顔(이효안, 생몰년 미상): 자는 汝泌. 光山李氏 李希稷의 아들이자, 李孝閔의
    동생.

130 선양정 진사일기

軍官 金雲¹⁵⁸·柳濈¹⁵⁹·姜潤¹⁶⁰。守門將南 李希益¹⁶¹·姜克孝¹⁶²。北
金大成¹⁶³·李琚¹⁶⁴。中衛將 崔希尹¹⁶⁵。中部將 李希龍¹⁶⁶。遊軍將

---

156 李克揚(이극양, 1557~1598): 자는 子顯. 李應鍾의 아들이고, 李克扶의 동생.

157 李克授(이극수, 생몰년 미상): 자는 汝受. 李應鍾의 조카이고, 李洪鍾의 아들.

158 金雲(김운, 생몰년 미상): 본관은 靈光, 자는 景龍. 金該의 7대손. 정희맹의 백부인
丁瑗의 첫째부인이 上黨韓氏이고, 둘째부인이 靈光金氏이다.

159 柳濈(류집, ?~1597): 본관은 高興, 자는 伯測. 柳益謙과 礪山宋氏 사이의 첫째아들.
동생은 柳澳와 柳瀹이 있다. 아버지 류익겸과 함께 임진왜란 때 군량미를 거두어
의주의 행재소에 전달하였고, 영광성을 사수하였으며, 정유재란 때 부모, 동생 유
약, 또한 자신의 부인과 제수와 함께 일가족이 모두 七山洋 바닷물에 뛰어들어 순절
하였다.

160 姜潤(강윤, 생몰년 미상): 본관은 晉州, 자는 輝瑞. 姜希孟→2남 姜鶴孫→3남 姜欣
壽→1남 姜臨→姜克明→1남 姜潤이다. 강항의 4촌이다.

161 李希益(이희익): 본관은 光山, 자는 士謙, 호는 明溪. 李時止의 현손이고, 李希龍의
동생이다. 임진왜란 조카 李孝顔과 李孝閔 및 영광군에서 동지 55명과 함께 의병을
모아 성을 지켰다. 정유재란 때 적들이 남하하자 家僮들을 이끌고 장성군 삼계면
大化山 아래에서 싸웠으나 화살이 떨어지고 힘이 다하여 죽었다.

162 姜克孝(강극효, 생몰년 미상): 본관은 晉州, 자는 而順, 호는 節齋. 姜希孟→2남 姜
鶴孫→2남 姜亨壽→1남 姜五福→2남 姜克孝이다. 姜沆의 숙부이다.

163 金大成(김대성, 생몰년 미상): 본관은 光山, 자는 成之. 金崇祖의 증손이고 金起의
손자이다. 崔希尹의 이모가 羅州鄭氏 鄭諶에게 시집갔는데, 그 딸이 김대성에게 시
집갔다. 최희윤과는 이종사촌 처남매부간이다.

164 李琚(이거, 1541~1600): 본관은 廣州, 자는 君獻. 李安鉉의 조카이고, 押海丁氏 丁
鎔의 장인이다. 李闇→李熙廣→1남 李安鼎 / 2남 李安鉉→1남 李琚이다.

165 崔希尹(최희윤, 생몰년 미상): 본관은 隋城, 자는 景任. 전라남도 나주 출신이다.
隋城伯 崔永奎의 후손이고, 崔樂窮의 1남 崔希說 / 2남 崔希尹 / 3남 崔希伋 / 4남 崔
希閔 / 崔希亮 / 1녀 金筠 / 2녀 金雲이다. 金雲과는 처남매부간이다.

166 李希龍(이희룡, 생몰년 미상): 본관은 光山, 자는 君見, 호는 竹灘. 李時止의 현손이
다. 임진왜란 때 형 李希稷이 그와 동생 李希益, 아들 李孝顔과 李孝閔에게 일러
말하기를, "나는 늙고 또 병들었으니 너희들이 나를 대신해 의병을 일으키라." 하였
다. 李時止→李胤宗(1451~1533)→1남 李元絃 / 2남 李元徽→이원광의 1남 李迎白
→1남 李希稷 / 2남 希益 / 3남 李希皐 / 4남 李希龍, 이희직의 1남 李孝閔 / 2남 李孝

金贊元[167]. 外陣將西 李孝閔[168]. 南金椿壽[169]. 東 韓汝璟[170]. 從事官
西 金慶. 南 李惟認. 東 金光選. 軍官 金廷式[171]·宋若先[172]·鄭汝
德[173]·鄭恬[174]. 守城軍官 姜洛[175]·金奉天[176].

顔이다. 이원휘→1남 李逢白으로도 이어진다. 이영백의 부인이 河陰奉氏이며, 이수
백의 첫째부인이 咸平李氏 17세손 李應生의 딸이고 둘째부인이 鳳山李氏이다.

167 金贊元(김찬원, 생몰년 미상): 본관은 光山, 자는 士格, 호는 悠悠亭. 아버지는 金約
이다. 동생 金載地와 義穀을 모아 광주의 義兵所와 崔慶會와 郭再祐와 任敨英의 軍中
으로 운송하고 法聖浦를 거쳐 행재소로 조운하였다.

168 李孝閔(이효민, 생몰년 미상): 李希龍과 李希益의 조카이고 李孝顔의 형.

169 金椿壽(김춘수, ?~1597): 金春壽의 오기. 본관은 商山, 자는 景老. 족보에 따르면,
자는 四吉, 호는 秋坡로 되어 있다. 아버지는 선전관 金瑾이고, 동생은 金楠壽이다.
정유재란 때 아우와 함께 근왕하러 가던 중 錦江에서 갑자기 적을 만나 힘껏 싸웠으
나 함께 죽었다.

170 韓汝璟(한여경, 1544~1597): 본관은 淸州, 자는 仲珍, 호는 毅齋. 정유재란 때 영광
성을 지키다가 순절하였다. 韓蘿→2남 韓仲善→1남 韓祈仝→1남 韓謙 / 딸 姜亨壽
→1남 韓世賚→韓汝景으로 청주한씨 19세손이다. 현재의 족보상에는 韓汝景으로
표기되어 있다. 그 부인이 咸平李氏로 副司猛 竹村 李九榮의 딸이고, 副司直 李枝亨
의 손녀인 것으로 기록되어 있다. 그러나 함평이씨 족보상에는 韓汝琨에게 시집간
이만 있고 그러한 인물들은 보이지 않는다. 시집간 이는 李好仁→2남 李文幹→3남
李依樹→李炭→1남 李德行 / 4녀 韓汝琨으로 함평이씨 17세손이다. 李炭은 李萬榮
과 李長榮과 같은 항렬로 족형제간이다. 이렇게 어긋난 기록에 대해서는 좀 더 세밀
하게 살펴볼 필요가 있다.

171 金廷式(김정식, 생몰년 미상): 본관은 商山, 자는 平仲. 아버지는 金笥이다. 李恒의
문하에 교유하였다.

172 宋若先(송약선, 1568~1597): 본관은 新平, 자는 希順, 호는 靜村. 宋欽(1459~1547)
의 현손이고, 宋鵬彪의 아들이다. 임진왜란 때 義穀을 모으고 軍器를 수리하여 錦山
의 高敬命에게 보냈고, 義穀將 奇孝曾을 통하여 義州의 행재소에 조운하였고, 정유
재란 때 南原에서 순절하였다. 咸平李氏 李萬英의 둘째딸이 宋明彪에게 시집갔다.
송흠은 奉汝諧의 손녀에게 장가들었다.

173 鄭汝德(정여덕, ?~1593): 본관은 錦城, 자는 好善, 호는 慕齋. 아버지는 鄭應齡이다.
1593년 丁大壽와 金夢海 등과 함께 崔慶會의 義兵陣에 나아가 왜적 수 명을 목 베었

○守城[177]。兵法曰:"守城之道, 無恃其不來, 恃吾有以待之, 無恃其不攻, 恃吾有所不可攻[178]。"故善守者, 敵不知所攻, 非獨爲城高池深, 卒强粮足而已, 必在乎智慮周密, 計謀百變, 或彼不來攻而我守, 或彼不挑戰而我擊, 或多方以謀彼師, 或婁出而疲彼師, 或彼求鬪而我不出, 或彼欲去而懼我襲。若此者, 皆古人之所以坐而役使敵國之道也。此雖得禦攻之計, 然又要先審可守之利害。凡守城之道有五敗, 一曰壯大寡·小弱衆, 二曰城大而人小, 三曰粮寡而人衆, 四曰蓄貨積於外, 五曰豪强[179]不用命。加之外水高而城內低, 土脉疎而池隍淺, 守具未足, 薪水不供, 雖有高城, 宜棄勿守。亦有五全, 一曰城隍[180]修, 二曰器械具, 三曰人小而粟多, 四曰上下相親, 五曰刑嚴賞重。加之得泰山之下, 廣川之上, 高不近旱而水用足, 下不近水而溝防省, 因

지만 성이 함락됨에 적에게 죽었다.

174 鄭恬(정념, 생몰년 미상): 본관은 진주, 자는 子安. 아버지는 鄭德一이다. 문과에 급제하여 찰방을 지냈다.

175 姜洛(강락, 1570~1639): 본관은 晉州, 자는 季溯, 호는 晩隱. 姜希孟→2남 姜鶴孫→2남 姜亨壽→1남 姜五福→2남 姜克孝→姜洛이다. 姜沆의 4촌이다.

176 金奉天(김봉천, 생몰년 미상): 본관은 永山. 金守溫의 후손, 金盈宇의 현손이다.

177 이 부분은 宋나라 曾公亮의《武經總要》〈前集〉권12〈守城〉편에 나오는 말을 그대로 옮긴 것임.

178 無恃其不來, 恃吾有以待之, 無恃其不攻, 恃吾有所不可攻(무시기불래, 시오유이대지, 무시기불공, 시오유소불가공):《孫子兵法》〈九變篇〉에 나오는 말.

179 豪强(호강): 권세를 믿고 횡포를 부리는 사람.

180 城隍(성황): 城壕. 성 둘레에 판 못. 적들이 쉽게 성에 접근하지 못하도록 하기 위하여 성 외곽에 만든 연못.

天時, 就地利, 土堅水流, 險阻可恃, 兼此形勢, 守則有餘。故兵
法曰: "城有所不攻." 又曰: "善守者, 藏於九地[181]之下." 皆謂此
也。凡守之道, 敵來逼城, 靜默而待, 無輒出拒, 俟其矢石可及,
則以術破之。若遇主將自臨, 度其便利, 以强弩叢射, 飛石俰擊,
斃之, 則軍聲沮喪, 其勢必遁。若得敵人稱降及和, 切勿弛備,
當益加守禦, 防其詐我。若敵攻已久, 不拔而去, 此謂疲師, 可
躡而襲之, 必破, 此又寄之明哲, 見利而行, 不可覊以常檢也。

二十二日。

見皇帝{大明神宗。}勑諭國王書及主上教諭臣民書{九月六日所
出。}, 并以激切忠義, 亟爲匡復[182]之意下諭。

二十三日。

聞王子二君{臨海順和君。}, 被拘於賊云, 臣民不勝其憤, 況聖上
之心乎? 天兵旣臨, 義兵亦起, 則賊雖小挫, 然所謂南人輩, 萬端
指嗾[183], 更挑怒鋒云。其梟獍[184]之腸, 甚於彼賊, 何不先斬此類

---

181 九地(구지): 여러 가지 조전의 地理와 地形을 일컫는 말.《孫子兵法》〈九地篇〉에 따
　르면, 散地, 輕地, 爭地, 交地, 衢地, 重地, 圮地, 圍地, 死地라 한다.

182 匡復(광복): 나라의 위태로움을 구하여 회복함.

183 指嗾(지주): 달래고 꾀어서 무엇을 하도록 부추김.

184 梟獍(효경): 梟는 어미를 잡아먹는다는 올빼미 종류의 새이고, 獍은 破獍이라는 호
　랑이 종류의 맹수로서 아비를 잡아먹는다고 하니, 흉악한 마음이라는 뜻.

之頭, 以示四方耶? 聞晉州[185]{金時敏[186]守之.}之捷, 延安[187] {李廷
馣[188]守之.}之全, 皆由於守城云, 吾等亦當戮力[189]守之耳。

---

185 晉州(진주): 경상남도 남서부에 위치한 고을.

186 金時敏(김시민, 1554~1592): 본관은 安東, 자는 勉吾. 1578년 무과에 급제하여 군기
시에 입사하였다. 1583년 尼湯介의 난 때 도순찰사 鄭彦信의 막하 장수로 출정하여
공을 세운 후 1591년 진주판관에 임명되었다. 그러나 다음해 임진왜란이 일어나자
목사 李璥과 함께 지리산으로 피했다가 목사가 병으로 죽자 招諭使 金誠一의 명에
따라 그 직을 대리하였다. 이후 김시민은 곤양군수 李光岳, 의병장 李達·郭再祐 등
과 합세하여 왜적을 격파하고, 패주하는 왜적을 추격하여 경상남도 진주 남쪽의 十
水橋에서 다시 승리를 거두어 고성·창원 등 여러 성을 회복하는 공을 세웠다. 이어
서 의병장 金沔의 원병 요청을 받고 정병 1,000여 명을 이끌고 이에 호응, 거창의
沙郞巖에서 금산으로부터 서남진하는 왜적을 맞아 크게 무찔렀다. 또한 여러 차례의
전공으로 그 해 8월 진주목사로 승진되었다. 같은 해 9월에는 진해로 출동하여 적을
물리치고 적장 平小太를 사로잡아 行在所로 보내자 조정에서 그를 경상우도병마절
도사로 임명하였다. 이 시기 왜적은 진주가 전라도로 통하는 경상우도의 大邑이며,
경상우도의 주력이 그곳에 있음을 알고 10월 5일 진주의 동쪽 馬峴에 출현하여 다음
날부터 진주성을 공격하기 시작하였다. 적의 2만여 대군이 진주성을 포위하자 김시
민은 불과 3,800여 명의 병력으로 7일간의 공방전을 벌여 적을 물리쳤으나 이 싸움
에서 이마에 적탄을 맞고 며칠 뒤에 죽었다.

187 延安(연안): 황해도 남동부에 위치한 고을.

188 李廷馣(이정암, 1541~1600): 본관은 慶州, 자는 仲薰, 호는 四留齋·退憂堂·月塘.
1572년 여름 延安府使가 되어 軍籍을 다시 정리했으며, 선정을 베풀어 부민들로부터
존경을 받았다. 그 뒤 여러 직임을 거쳐 1592년 임진왜란이 일어날 때 이조참의로
있었는데, 宣祖가 평안도로 피난하자 뒤늦게 扈從했으나 이미 체직되어 소임이 없었
다. 아우인 開城留守 李廷馨과 함께 개성을 수비하려 했으나 임진강의 방어선이 무
너져 실패하고 말았다. 그 뒤 황해도로 들어가 招討使가 되어 의병을 모집해 延安城
을 지킬 것을 결심하고 준비 작업을 서두르던 중 도내에 주둔한 왜장 구로다[黑田長
政]가 5,000~6,000명의 장졸을 이끌고 침입하자, 주야 4일간에 걸친 치열한 싸움
끝에 승리해 그 공으로 황해도관찰사 겸 순찰사가 되었다. 1593년 병조참판·전주부
윤·전라도관찰사 등을 역임하고, 1596년 충청도관찰사가 되어 李夢鶴의 난을 평정
하는 데 공을 세웠다. 그러나 죄수를 임의로 처벌했다는 누명을 쓰고 파직되었다가
다시 지중추부사가 되고, 황해도관찰사 겸 도순찰사가 되었다. 이듬해 정유재란이

二十四日。

聞家信, 則以田稅[190]徭役[191]等事爲憂云。自變初, 賦役煩重,
支當[192]者無幾, 哿矣富人, 哀此惸獨[193], 還租捕軍修城等事, 一
時嚴督, 閭里騷動, 可恨可憫。

■十一月

初二日。

聞孫兒致澤[194], 病餘腹痛死云, 痛矣痛矣。無母之兒, 未能藥
治而至此, 尤爲悲憐。

初三日。

見慶尙道義兵將郭再祐, 乞粮檄書, 語甚懇惻, 議於都廳, 差

일어나자 海西招討使로 해주의 首陽山城을 지키기도 하였다. 난이 끝나자 풍덕에
은퇴해 시문으로 소일하다가 몇 년 뒤에 죽었다.

189 戮力(육력): 서로 힘을 모음.

190 田稅(전세): 논밭에 부과되는 조세.

191 徭役(요역): 백성의 노동력을 무상으로 징발하는 수취제도.

192 支當(지당): 버티어 견뎌 냄.

193 哿矣富人, 哀此惸獨(가의부인, 애차경독): 부자는 괜찮다는 말.《詩經》〈小雅·正月〉
에 "부자는 괜찮거니와 의지할 데 없는 사람 가엾다.(哿矣富人, 哀此煢獨.)"고 한
데서 나오는 말이다.

194 致澤(치택): 丁鏡의 아들인 듯. 현재 전해지는 압해정씨의 족보에도 정경의 부인이
누구인지, 아들이 있었는지 전하지 않고 있다.

出各面有司, 而人員不足, 故兼付守城任員, 事甚煩劇, 然不如
是, 則萬無收合之道矣。

初六日。

新官李安繼[195]到郡。文官金泊[196], 率家屬, 流寓於其奴家, 往
見之, 問辛慶晉[197]家信, 則不知云。

初七日。

都廳諸員, 欲見新官之時, 體察使關文來到, 諭以分朝敎勅曰:
"在喪武臣, 起服[198]因任."云。新官卽出北門去, 故未見耳。假官
李邦柱還任。

---

195 李安繼(이안계, 1551~?): 본관은 慶州, 자는 孝元. 1580년 별시 무과에 급제하였다.
   僉使를 거쳐 1592년 10월 25일 영광군수로 임명되었으나 11월 7일에 취소되기도
   하였으며, 1593년 해남현감 등을 지냈다.
196 金泊(김계, 1538~?): 본관은 金海, 자는 希仲. 1567년 사마시에 급제하였고, 1582년
   문과에 급제하여 1601년 瑞興府使가 되었으며, 그 뒤 奉常寺正을 지냈다.
197 辛慶晉(신경진, 1554~1619): 본관은 寧越, 자는 用錫, 호는 丫湖. 아버지가 辛應時
   이다. 어머니가 丁琦의 딸 押海丁氏이다. 정희맹의 5촌 생질이다. 승문원·예문관
   등에서 여러 벼슬을 지낸 뒤 1591년 병조좌랑으로서 陳奏使 韓應寅의 서장관으로
   명나라에 갔다가 이듬해 귀국했다. 임진왜란이 일어나자 지평이 되어 왕을 호종,
   평양에 가서 체찰사 柳成龍의 종사관으로 활약하였다. 왜란 후 강릉부사·사간을 거
   쳐 이조참의·성주목사·충주목사를 역임하였다. 특히, 1590년에 御史로서 정희맹을
   학행으로 천거하였다.
198 起服(기복): 喪中에 벼슬하는 것.

初九日。

還家入齊。

十一日。

安行先妣[199]{光山金氏.}忌祀, 祭員鍵兒·柳澳[200]而已。

十三日。

入都廳, 議以李琚·柳光亨[201]爲募軍別將, 益募義兵。

二十日。

還家齊戒, 監造祭物。

二十二日。

安行祖妣{文化柳氏[202].}忌祀, 祭員鎔[203]姪, 鍵兒, 鎭[204]侄, 鐵

---

199 先妣(선비): 金昌老의 딸 光山金氏. 정희맹의 연보에 따르면, 1573년 11월에 모친상
   을 당한 것으로 되어 있다.

200 柳澳(유오, 생몰년 미상): 본관은 高興. 柳益謙은 첫째부인이 蔚山金氏인데 그 사이
   에는 자식이 없었으며, 둘째부인이 礪山宋氏인데 그 사이에는 첫째아들 柳溧, 둘째
   아들 柳澳, 셋째아들 柳淪을 두었다. 丁希孟의 동생인 丁希參의 딸과 결혼하였으니,
   정희맹과는 처백부와 질녀사위 사이이고, 丁鏡과는 4촌 매부처남 간이다.

201 柳光亨(류광형, 생몰년 미상): 본관은 高興. 아버지는 柳瓖이고, 동생은 柳光貞이다.

202 文化柳氏(문화류씨, 1478~1543): 丁希孟의 할아버지인 丁世光의 부인. 아버지는 柳
   彭碩, 할아버지는 柳滋, 증조부는 柳守剛이다. 남편 鄭世光은 생원으로 만경현령을

壽[205]·石壽[206]·眉壽[207]從而已。此祀當行於宗孫家，而先君自當
奉行，及余不替，故雖亂中，何毀親命乎？是日，往見臨淄[208]斂
使，言："先山偸木者，則捉來重治，可快。數百年培養丘木[209]，
以造船盡斫，可惜。"然都城之木，尙不保全云，謂之奈何？

二十三日。

歸拜親墓到家，則鏡兒元氣未蘇，又得回痛，症甚不輕，慮其
不能起，勢難相離。自都廳，連有促書，故遂入，則諸員皆在，而
但李景洪{容中}，以家故出去矣。

二十四日。

聞鏡兒之病，幸得藥餌之力，小有微效，可喜。

지냈다.
203 鎔(용): 丁鎔(생몰년 미상). 자는 仲化, 호는 痴軒. 丁世光→1남 丁琦→1남 丁希顔
→1남 丁鎔. 姜沅과 사돈이다.
204 鎭(진): 丁鎭(1575~1626). 자는 敬重, 호는 晩隱. 丁世光→1남 丁琦→3남 丁希說
→1남 丁鎭. 監察을 지냈다.
205 鐵壽(철수): 丁鐵壽(생몰년 미상). 자는 剛老. 龍驤衛副護軍을 지냈다. 丁世光→2남
丁瑗→2남 丁鐵壽이다. 정희맹의 4촌이다.
206 石壽(석수): 丁石壽(생몰년 미상). 惠民署參奉을 지냈다. 丁世光→1남 丁琦→5남
丁石壽이다. 정희맹의 4촌이다. 현 족보상에는 碩壽로 기재되어 있다.
207 眉壽(미수): 丁眉壽(생몰년 미상). 丁世光→2남 丁瑗→3남 丁眉壽이다. 정희맹의
4촌이다.
208 臨淄(임치): 전라남도 영광군 백수면 지역에 위치한 고을.
209 丘木(구목): 무덤가에 있는 나무.

二十六日。

與君遇往見辛禮山[210]{應世.}而還。體察使軍官金應瑊到郡。
作弊滋甚, 渠無足責, 而上司任人如是顚倒, 孑遺生民, 更誰依
賴? 不特[211]愚氓流散, 士族之家, 將不支保, 守城之事, 誰與爲
之? 可謂寒心也。

二十九日。

都別將入來。

▌十二月

初三日。

別將出去, 君遇入來, 卽見軍官于上房, 乃金應瑊三從弟也。
雖言乃兄作弊之事, 不肯聽之, 奈何? 是夕與君遇出來齊宿[212]。

---

210 辛禮山(신예산): 辛應世(생몰년 미상)를 가리킴. 본관은 靈山, 자는 君行. 監役, 禮山
　　縣監을 지냈다. 辛應時가 그의 형이다. 그의 아들 辛慶德이 柳益謙의 딸과 혼인하였
　　다. 辛應時의 아들 辛慶晉은 신응세의 조카이다. 신응세는 정희맹과 사돈이다.
211 不特(불특): 不但. ~뿐 아니라.
212 齊宿(재숙): 제사를 거행하기 전날 목욕재계하고 齋所에서 하룻밤을 보내는 것.

初四日。

行曾祖父²¹³忌祀, 祭員鎔侄而已。食後冒風雪, 往見監察妹氏²¹⁴{金友尹²¹⁵妻.}葬事于六昌里²¹⁶, 申時, 返魂²¹⁷。與君遇到生谷²¹⁸書堂而宿矣。辛禮山適來, 穩叙。

初五日。

入都廳齊會, 就慰主官受罪召募使之事。退臥廳中, 則觸風遑來, 冒寒直宿, 胸腰之痛兼發, 喘痰²¹⁹之症亦劇, 勢難支吾。

十四日。

往省先君墓, 使山直²²⁰順良, 掃除封域內積雪, 而後入來。

---

213 曾祖父(증조부): 丁碩弼. 사헌부 감찰, 茂朱縣監을 지냈다. 丁碩弼→1남 丁世光→3남 丁珣→1남 丁希孟이다.

214 監察妹氏(감찰매씨): 丁鎭의 여동생인 듯. 丁鎭이 감찰을 지냈기 때문이다.

215 金友尹(김우윤, ?~1597): 본관은 筬城(靈光), 자는 之任, 호는 龍灣. 1572년 별시 문과에 급제, 文翰官을 거쳐 공조좌랑에 올랐으나 어떤 일에 연루되어 관직을 버리고 고향으로 돌아갔다. 임진왜란의 와중에서도 면학에만 힘써 저서 30여권이 있었다고 하나 전하지 않는다. 1597년 정유재란 때 적병이 쳐들어와 어머니가 적에게 잡히자 어머니를 구하려다 함께 피살되었다.

216 六昌里(육창리): 전라남도 영광군 남쪽에 위치한 마을.

217 返魂(반혼): 장례 후에 신주를 모시고 집으로 돌아오는 의례.

218 生谷(생곡): 전라남도 영광군 불갑면 함영리의 옛 명칭.

219 喘痰(천담): 숨이 가쁘면서 가래가 끼는 痰症의 하나.

220 山直(산직): 남의 산이나 뫼를 맡아서 돌보는 사람.

十五日。

收日前分定之穀, 僅滿十石, 鑷出守城粮十石, 合二十石。使
八馬十人, 運送南原, 以爲運致郭將軍所, 而兼付答書焉。

十六日。

到金回家, 聞鍵兒末女之病報, 至家則已死矣。慘憐, 而但伯
兒[221]快蘇, 可幸。嶺南運粮時, 家獻[222]持去矣。聞兒輩之言, 則近
者生病始瘳, 未必致遠云耳。欽兒聯誦累日課讀[223]之書, 可嘉。

十九日。

入都廳。

二十一日。

曉李琚·柳光亨入來, 言; "周行防曲, 人家空虛, 滿目蕭然, 提
軍不多."云。

---

221 伯兒(백아): 丁鍵의 큰 아들 丁濟元(1590~1647)을 가리킴. 자는 伯仁, 호는 醉愚堂.
　　姜沆에게 처음 배우고 金長生에게 수학하였다. 李适의 난 때 辛惟一과 의병과 의곡
　　을 모았으며, 정묘호란이 일어나 김장생이 召募使였을 때 靈光 有司를 역임하였다.
222 家獻(가렵): 자신 집의 말을 가리킴. 貴獻은 상대방의 말을 높여서 부르는 말이다.
223 課讀(과독): 그 동안 읽은 글을 시험함.

二十四日。

自崔義兵所{慶會軍中.}, 關文來到, 促義兵之不赴者。家奴風金, 亦入其中, 可訝。渠不還家, 又不從軍, 則中路病臥乎? 必無逃亡之理矣。柳淹亦以秘告軍捉去事入來, 言: "閭里一空, 軍丁[224]不得."云。

二十五日。

聞公主亦被拘於賊云, 然耶? 憤切憤切。高敞縣監鄭慶遇[225], 以差員[226]到郡, 使人問安, 故答曰: "方今國事之恢復, 只在諸義士用誠之輕重。各自勉勵, 匡復王室, 豈非吾輩之事乎?"

二十七日。

聞水營[227]官人之言, 則倭船百餘隻, 又到濟州海云。然則, 何以保全家眷? 一家已矣, 國家恢復無期, 憂悶。

---

224 軍丁(군정): 軍役의 의무를 지는 壯丁.
225 慶遇(경우): 鄭雲龍(1542~1593)의 字. 본관은 河東, 호는 霞谷. 전라남도 장성 출신이다. 奇大升의 문인이다. 1589년 정여립이 반란을 꾀하다가 죽은 뒤 그가 정여립에게 보낸 절교서 때문에 선조의 신임을 받고 王子師傅에 제수되고, 그 뒤 掌苑署 掌苑·고창현감 등을 지냈다. 朴淳·高敬命 등과 같이 학문을 닦았고, 鄭澈과 교유가 깊었다.
226 差員(차원): 어떤 임무를 맡겨 다른 곳에 파견하던 벼슬아치.
227 水營(수영): 조선시대에 水軍節度使의 軍營.

二十八日。

鏡兒入來, 李克扶·吳貴英·吳玩·柳永海·李孝顔·李克揚, 亦
入來, 終日試射。

二十九日。

崔希尹·李希龍·金賛元·李孝閔·金椿壽·金慶入來, 又爲點
軍[228]巡城。鍵兒來言:"別座{姓名無記.}嫂氏, 到生谷書堂, 其夕
失火, 艱辛得滅.'云。

癸巳

▌正月

初一日。

諸兒諸姪皆來見。午後就祖父墓行祭, 祭員君遇·大壽三兄弟·石壽而已, 仲宅[1]{生員公宅。}當次之。又就曾祖父墓行祭, 鏡兒當次之。又就父母主墓行祭, 鍵兒當次之。

初二日。

入都廳, 則諸員皆空任不在, 卽令軍奴促還。是夜柳光亨·李琚·李珩等, 提軍十餘名, 直入城中。城中驚動, 卽以夜驚之罪, 代杖柳奴{光亨奴。}, 以乘夜納人之罪, 代杖李奴{希益奴。}。

初三日。

都別將以下, 入見主官。但韓汝璟·李惟認·金光選·金廷式·

---

1 仲宅(중택): 丁瑗(생몰년 미상). 자는 汝堅. 1546년 식년시에 급제하여 생원이 되었다.

丁汝璣·丁久不參, 故付罰。

初十日。

鎭侄來受大學

十一日。

聞賊徒彌滿國中, 而但忠淸全羅兩道小安。賦役煩重, 民不聊
生, 士族之兄弟子侄, 無遺從軍。一不得支保, 守城運粮等事,
何以爲之, 愁亂不可言。

十四日。

聞甥侄金仁洽·仁漑, 各挈其妻子下來云, 未知自何處流離生
還, 抃喜[2]無已。又聞辛慶晉, 得妻子, 入堂上望云, 尤幸。

二十二日。

訪辛禮山, 見柳習讀[3]{名無記.}妹, 到柳士受家, 金汝膺[4]室內,

---

2   抃喜(변희): 손뼉을 치며 기뻐함.

3   柳習讀(류습독): 柳宗禮(1532~1593). 본관은 晉州, 자는 仲和. 아버지가 柳希任이
    다. 權好文의 동서이자, 金誠一의 사돈이다. 부인은 廣州安氏로, 처사 安景仁의 딸이
    다. 딸만 둘을 두었는데, 맏딸은 進士 權恊(1559~1638)에게 출가했고, 둘째 딸은
    김성일의 맏아들 金潗(1558~1631)에게 출가하였다. 藥圃 鄭琢·華南 金農·鶴峯 金
    誠一 등과 교유하였다. 習讀을 지냈다.

以難産, 百藥無效, 遂棄世云, 可矜。鏡兒來留治喪。

二十四日。

入郡廳, 則主官罷職狀來到, 諸員皆入慰。

▌二月

初二日。

聞天將進圍平壤城, 三日而拔之云。去年, 天兵不利, 史遊擊
{儒[5].}死, 祖總兵{承訓.}僅以身免而歸, 誣言"我兵助倭致敗."朝廷
又遣大臣辨之。皇帝遂遣提督李如松[6]{成樑長子.}, 將十萬兵, 去
十二月渡江{鴨綠江.}, 正月, 遂大捷云。{都元帥一人, 大將四人, 遊擊
將四十人, 衛部將二千, 炮手二千, 炮車三千, 軍粮八萬石, 馬草十二萬駄
云。提督李如松。副總兵李如栢·楊元·張世爵。提督中軍參將方時春。
義州衛參將李如梅。統領薊鎮參將李方春。遊擊方時輝。都事王問。南

4　汝膺(여응): 金泰福의 字。柳益謙의 사위이다.

5　儒(유): 史儒。明나라 遊擊將軍。1592년 임진왜란 때 제1차로 조선을 원조하러 왔다
　　가 전사하였다. 평양이 함락되자 명에서는 명나라 부총병 祖承訓에게 3천 명의 군대
　　를 주어 평양을 수복하라 하였다. 조승훈은 參將 郭夢徵, 유격 장군 사유·王守官
　　·戴朝弁 등을 거느리고 1592년 7월에 적병을 얕보고 칠성문으로 쳐들어갔다. 이때
　　사유는 선봉장으로 활약하다가 좁은 골목길에서 적의 탄환에 맞아 죽었다. 이처럼
　　명나라 응원군의 初陣은 여지없이 실패하였다.

6　李如松(이여송, 1549~1598): 명나라 장수. 임진왜란 때 防海禦倭總兵官으로서 명나
　　라 구원군 4만 3천 명을 이끌고 동생 李如栢과 왔다.

兵遊擊周弘誼。大同遊擊高昇寬。衛副揚兵終養正。原任副總兵孫守廉·
王惟貞·祖承訓·王有翼·吳希謹·賚大受。原任參將駱尙志·張應神·楊
紹先·郭夢徵·蘇國賦·戴朝弁。原任遊任戚全·王承恩·蘭方萬·陳方哲·
張奇功·沈惟敬·葛蓬·李如檜·終養中·胡鑾·趙之牧·錢世禎。侍郎中遊
任李寧。眞丁遊任趙文命。保丁遊任梁心。陝西遊任高徵。山西遊任施
朝卿。原任都事王必迪·吳夢豹·累大有·李陳中。提督掾史錢學易·紫逢
春·候禮祝·千世科·毛大·劉朝哺·宋崇老·黃情·劉恩·王如會·張喬松。
欽差經略兵部侍郎宋應昌。兵部員外郎劉黃裳。兵部主事袁黃.}

初四日。

舊官以假官交代事, 出留城外張世家, 諸員入見。

初十日。

諸員更盟於都廳曰: "方今主官又遞, 邑無統管, 守城不可小
緩, 諸君益加勉勵, 終始如一, 可也." 姜泰·李琨, 以身病不參。

十一日。

聞卓卿自順天來留外間云, 故出見, 則其妻子婦女, 皆免禍生
還, 俱會一處, 可謂天幸。但眷孥衆多, 何以得養, 是可慮也。歷
見蔡高敞[7]{復.}入都廳。

---

7   蔡高敞(채고창): 본관은 平康, 이름은 復. 蔡雲龍(1528~1596)의 장남. 현재 족보상

十四日。

卓卿·金仁洽·鏡兒, 來見。

十五日。

見天將{劉職方[8]}咨文及主上敎書{正月七日下諭。}, 幷以激義斬讎
之意下諭。

十六日。

又見主上敎書{正月八日所下。}[9], 各備粮餉, 以候天兵之意下諭。

十八日。

還家, 使安孫·長同, 載粮米於家牛, 送南原{義兵所。}, 又使奴
介山·愛終, 擔負送陽川{防禦所。}。一日之內, 分送二處, 勢雖難
支, 然聖敎之下, 豈可坐視不顧乎? 卽入都廳。

二十二日。

聞李聞遠訃, 別將僉君皆出去。

에는 더 이상의 사실이 없다.

8 劉職方(유직방):《선조실록》1593년 1월 7일조 6번째 기사에 의하면, "武庫淸吏司員
   外郞 劉黃裳, 職方淸吏司主事 袁黃"으로 되어 있는바, 원전은 착종된 것으로 보임.

9 《선조실록》에는 1593년 1월 11일 8번째 기사로 수록됨.

二十八日。

自體府[10]因任[11]舊官, 聞天將已占破竹之勢, 賊兵退縮云, 故罷守城事。

▌三月

初五日。

卓卿家眷[12], 自外間來, 居龍山。

十二日。

聞新官申尙節[13]出云。

▌四月

初五日。

聞賊退屯嶺南, 留陣不去, 而天兵亦不肯進擊云, 可憫。

---

10 體府(체부): 體察府. 體察使가 軍務를 보던 곳.

11 因任(인임): 종전대로 임명함.

12 家眷(가권): 자기에게 딸린 권속. 한 집안의 식구.

13 吳希文(오희문, 1539~1613)이 쓴《瑣尾錄》권3의 1594년 정월 11일조에 "靈光倅申尙節·泰仁倅朴文英及靈岩倅金聲憲, 尤甚云云。"이라고 언급되어 있음.

▌五月

二十日。

見天朝兵部侍郎宋應昌[14]答左議政尹斗壽書, 以勿爲急迫, 徐圖心服之意, 回示之。見其書, 則我心先定, 一從天將之指揮, 則何有後患乎?

二十六日。

夜, 末女生, 順産, 可幸。

▌六月

初八日。

聞昌平仲叔{外叔.}訃音{五月二十九日出變.}, 痛切, 運粮之馬尙不還, 故未得往哭耳。

14　宋應昌(송응창, 1536~1606): 명나라 장수. 임진왜란 당시 1592년 12월 명군의 지휘부, 경략군문 병부시랑으로 부하인 제독 李如松과 함께 43,000명의 명나라 2차 원군의 총사령관으로 참전하였다. 그리고 조선의 金景瑞와 함께 제4차 평양 전투에서 평양성을 탈환한다. 그러나 이여송이 벽제관 전투에서 대패하자 명나라 요동으로 이동, 형식상으로 지휘를 하였다. 이후 육군과 수군에게 전쟁 물자를 지원해 주었고 전쟁 후 병이 들어 70세의 나이로 병사하였다.

▌七月

初七日。

聞晉州陷城, 倡義使金千鎰, 與其子象乾[15]·從仕官梁山璹[16]諸人, 同日殉節云, 不勝慘愕。晉州前以守城保全云矣, 今何以陷之乎? 然則, 賊雖窮縮, 餘氣尙存矣。若知如此, 則守城之撤, 豈不輕旋乎? 雖然, 一罷之後, 難可復設, 奈何?

初八日。

奴介山等, 自慶尙道, 持馬生還, 多幸。今我國所恃者天兵, 而不肯赴戰。賊則自晉陽[17]之陷, 退去東萊云, 厥謀難測也。

---

15 象乾(상건): 金象乾(?~1593). 본관은 彦陽. 아버지는 金千鎰이다. 司圃署別坐를 지냈다. 임진왜란 때 1593년 6월 21일부터 29일까지 왜적이 대공세를 감행하여 끝내 함락되자, 아버지 김천일과 촉석루에서 南江에 몸을 던져 순사하였다.

16 梁山璹(양산숙, 1561~1593): 본관은 濟州, 자는 會元. 할아버지는 己卯名賢 梁彭孫이며, 아버지는 대사성 梁應鼎이다. 임진왜란이 일어나자 羅州에서 倡義해, 金千鎰을 맹주로 삼아 부장이 되고 형은 運糧將이 되었다. 향리에서 병사를 모집하고 군량을 조달하며, 여러 고을에 격문을 돌려 봉기할 것을 촉구하였다. 그 뒤 김천일과 함께 북상하고, 수원에 출진해 활약하였다. 강화도로 진을 옮길 무렵, 郭賢과 함께 주장의 밀서를 가지고 해로의 샛길을 따라 의주 행재소에 도착해, 선조에게 호남·영남의 정세와 창의 활동을 자세히 보고하였다. 이 공으로 공조좌랑에 제수되었다. 돌아올 때 영남·호남에 보내는 교서를 받아서 남도에 하달하였다. 적이 남도로 퇴각하자 김천일과 함께 남하해 진주성에 들어갔다. 그러나 침공하려는 왜의 대군 앞에 군사 부족으로, 洪諸과 함께 명나라 장군 劉綎의 군진에 가서 원군을 강청했지만 실패하였다. 성에 다다르자 홍함마저 도피해 단신 입성하여, 적과 끝까지 항전하다가 김천일과 함께 남강에 투신해 자결했다고 한다.

17 晉陽(진양): 晉州의 옛 이름.

▌八月

初七日。

見皇制通文[18], 則大少人員, 戎服[19]及裡衣皆穿袖, 禁軍[20]以下
公私賤, 去笠子[21], 着氈笠[22]小帽[23], 小袖袍來。

▌九月

一日。

爲始, 奉承傳[24]啓下[25]云云。

初八日。

齊戒。

---

18 《宣祖實錄》1593년 8월 28일조 3번째 기사에 게재되어 있음.

19 戎服(융복): 군복의 하나. 싸움할 때 입었으며, 철릭[天翼]과 朱笠으로 이루어진다.

20 禁軍(금군): 조선시대에 금군청 또는 용호영에 소속되어 왕궁을 수비하고, 왕이 거
   동할 때 왕을 호위하고 경비하던 기마군대.

21 笠子(입자): 삿갓. 성인 남자가 머리에 쓰던 의관의 하나이다.

22 氈笠(전립): 털모자.

23 小帽(소모): 탕건 비슷하되 턱이 없이 민틋하게 만든, 머리에 쓰던 衣冠의 한 가지인
   감투를 말함.

24 承傳(승전): 임금의 뜻이나 명령을 받아 관계관에게 전달하는 일.

25 啓下(계하): 임금에게 올려진 啓聞에 대한 임금의 답이나 의견으로 내려진 것.

初九日。

行先府君忌祀。祭員鏡兒·鍵兒·鎰[26]侄，金仁洽·仁漑·仁澤
矣。妹弟及柳澳妻氏，昨已來到，今夕各歸。

十一日。

金汝膺來言："賊遍在居昌[27]以下列邑，屯聚不去。"云。

十五日。

祭祖父墓，鎔侄當次之。祭員君遇，鏡兒兄弟，大壽三兄弟，
方大{名字無記。}而已。午後，祭先府君墓，祭員鏡兒兄弟，金仁澤
而已。夕，丁久來留，翫月於善養亭[28]。

▌十月

十五日。

喜聞主上還都云，臣民之幸，莫大矣。

26　鎰(일): 丁鎰(1570~?): 본관은 押海, 자는 重甫, 호는 三梅堂. 丁世光→2남 丁瑗
　　→2남 丁希參→1남 丁鎰이다. 同知中樞府事를 지냈다.

27　居昌(거창): 경상남도 서북부에 위치한 고을.

28　善養亭(선양정): 丁希孟이 1589년 靈光郡 龍山에 지은 누정. 전라남도 영광군 불갑
　　면 부춘리 佳吾 마을에 있다. 그는 영광의 五龍里 출신인데, 한양에 머물다가 1562년
　　고향으로 내려와 용산에 竹林亭을 짓고 1566년 追遠堂과 見南軒을 지어 본격적인
　　삶의 공간으로 삼았으며 1589년 용산에 善養亭을 지어 龍山精舍를 완성하였다.

▌十一月

十二日。

主官以吾等某某人, 差捕軍別有司, 促令搜捕, 而若或不勤,
則丁寧就死云, 惶恐無任。聞賊留屯東萊, 故天兵亦下去云。

▌閏十一月

十五日。

聞天兵撤回云, 餘賊孰能除之? 本道義將, 只有金德齡[29]一人,
而智勇絶倫, 一國皆稱以將軍, 或可樹大勳耶? 主官申尙節罷職。

▌十二月

二十日。

聞東宮駐全州, 設科取人, 文科則尹晫[30]·郭雲愷[31]·沈悅[32]·金

---

29 金德齡(김덕령, 1567~1596): 본관은 光山, 자는 景樹. 임진왜란이 일어나자 담양부
사 李景麟과 장성현감 李貴의 천거로 종군 명령이 내려졌으며, 전주의 光海分朝로부
터 翼虎將軍의 군호를 받았다. 1594년 의병을 정돈하고 선전관이 된 후, 權慄의 휘하
에서 의병장 郭再祐와 협력하여, 여러 차례 왜병을 격파하였다. 1596년 도체찰사
尹根壽의 奴屬을 杖殺하여 체포되었으나, 왕명으로 석방되었다. 다시 의병을 모집,
때마침 충청도의 李夢鶴 반란을 토벌하려다가 이미 진압되자 도중에 회군하였는데,
이몽학과 내통하였다는 辛景行의 무고로 체포되어서 구금되었다. 혹독한 고문으로
인한 杖毒으로 옥사하였다.

弘宇³³·朴孝誠³⁴·李愖³⁵·姜沆·李振先³⁶八人³⁷, 武科不知其數,

---

30 尹晧(윤길, 1564~1615): 본관은 南原, 자는 汝明. 1593년 임진왜란 중 왕세자 光海가 전주에 머물면서 실시한 별시문과에 장원급제하였는데, 尹昫 등 5형제가 모두 등과자 이다. 1595년 함경도도사로 근무 중 폭정으로 파직되었다가 이듬해 남쪽 변방지역의 接伴官으로 활동하였다. 1599년 정언에 제수된 뒤 동지사 鄭曄를 따라 書狀官으로 중국에 다녀왔으나 정엽의 비행을 눈감아 준 見聞事件으로 파직, 추고되었다.

31 郭雲愷(곽운개): 郭雲立(1559~?)의 오기. 본관은 玄風, 자는 汝秀. 아버지는 郭仁이다.

32 沈悅(심열, 1569~1646): 본관은 靑松, 자는 學而, 호는 南坡. 아버지는 沈忠謙이 다. 1589년 진사시에 합격하고, 1593년 별시문과에 급제, 예문관 검열에 기용되었 다. 뒤에 성균관전적 등 삼사의 요직을 역임하고 경기도·황해도·경상도·함경도의 관찰사를 지냈다. 1623년 호조판서로 승진하였으며, 1638년 鹽鐵使가 되어 중국 瀋 陽에 가서 물물교환을 하였고, 그 뒤 강화유수·판중추부사·우의정·영의정 등을 역임하였다.

33 金弘宇(김홍우, 1559~1598): 본관은 光山, 자는 伯容, 호는 白谷. 일찍이 尹斗壽의 문하에서 수학하였다. 1593년 전주에서 치러진 별시문과에 급제하였다. 임진왜란이 일어나자 金景壽, 李應鍾, 金齊閔 등과 長城 남문 밖에 의병청을 설치하고 의병과 義穀을 모았다. 이윽고 모은 의곡 500석은 奇孝曾으로 하여금 宣祖가 있는 行在所로 보내고, 의병 800명은 金克厚로 하여금 진주성으로 보내도록 하였다. 정유재란 때는 명나라 장군 楊鎬를 좇아 경기도 素沙에서 왜적과 싸워 크게 이겼다. 이후 병조와 예조의 정랑을 거쳐, 1598년 남원부사에 제수되었으나 병으로 부임하지 못하고 사망하였다.

34 朴孝誠(박효성, 1568~1617): 본관은 高靈, 자는 百源, 호는 眞川. 1590년 진사가 되고 1593년 별시문과에 급제, 承文院의 正字·홍문관박사 등을 역임하였다. 1596년 時弊에 대하여 통렬한 어조로 소를 올려, 申欽으로부터 임진왜란 이후 제일가는 陳言이라는 칭찬을 받기도 하였다. 1597년 정유재란 때는 명나라 游擊 馬呈文의 접반 관으로 영남에 다녀왔고, 이듬해 경기도관찰사 韓浚謙의 종사관이 되었다가 이어 成均館典籍과 공조·병조·예조의 좌랑을 차례로 역임하였다.

35 李愖(이심, 1559~?): 본관은 全州, 자는 子信. 1593년 별시문과에 급제하여, 이듬해 세자시강원설서가 되고 이어서 사례를 역임하였다. 1595년 세자시강원문학, 이듬해 홍문관의 부교리·교리, 1597년 직강·정언이 되었다. 이듬해 교리·문학 등 오랜 기 간 侍讀官으로 고전을 進講하고 1601년 林川郡守가 되었다. 1603년 장령·교리, 세 자시강원보덕, 이듬해 사인·집의·전적 등을 역임하고, 1606년 사인으로 春秋館知 製敎를 겸하여《宣祖實錄》의 重印에 참여하였다. 이어서 상의원정, 보덕·弼善을 역

本郡三十餘人, 亦得參云。

임하고 1607년 宣川郡守로 외직에 나갔다. 1612년 다시 사인으로 들어왔다가 1615년 驪州牧使로 나갔다.

36 李振先(이진선, 1560~?): 본관은 全州, 자는 慶先.

37 八人(팔인): 1593년 全州 別試文科의 급제자 명단을 보면, 갑과 1위 윤길, 을과 1위 곽운립, 병과 1위 심열, 2위 김신국, 3위 김홍우, 4위 박효성, 5위 강항, 6위 이심, 7위 이진선으로 되어 있어 9명인 것과 차이가 나며, 병과 5위와 6위의 순위가 차이가 남.
金藎國(1572~1657)이 특히 빠져 있는바, 본관은 淸風, 자는 景進, 호는 後瘳이다. 1591년 생원이 되고, 이듬해 임진왜란이 일어나자 영남에서 의병 1,000여 명을 모아 분전해 많은 전과를 올렸으며, 그 공으로 참봉이 되었다. 1593년 별시 문과에 급제하고, 藝文館檢閱을 거쳐 도원수 權慄의 종사관으로 공문서의 일을 관장하였다. 그 뒤 춘추관의 史官이 되어 전란으로 소실된 日錄을 보충하기 위해 사료의 수집을 간청하였다. 1597년 정유재란 때에는 군기선유관(軍機宣諭官)으로 엄정하게 군공을 논정하였다. 그 뒤 正言을 거쳐 1599년 司僕寺正이 되었고, 어사로서 관서지방을 순무하였다. 北人이 大北과 小北으로 갈라지자 소북의 영수로 대북과 대립하다가 관직이 삭탈되어 충주에 은거하였다. 1608년 輔德으로 기용되고, 광해군 때 사간을 지냈다. 1613년 臨海君의 옥사에 관한 공으로 翼社功臣이 되고 淸陵君에 봉해졌으며, 평안도 관찰사·우참찬·호조판서를 지냈다.

甲午

▌正月

初一日。

祭先君墓, 午時, 祭祖父墓, 午後, 祭曾祖父墓, 祭員只吾三父子, 諸弟侄, 皆不參, 可憎。

初二日。

上茵山[1], 餞別朴近而{知遠.}, 乃姻叔[2]之婿也。歷見習讀妹氏及辛禮山而還。聞金靈巖{聲憲.}罷職之奇[3], 命送鏡兒。

---

1 茵山(인산): 전라남도 영광군 鹿山里에 있는 마을 이름. 윗마을을 上茵, 아랫마을을 下茵이라 한다.

2 姻叔(인숙): 고모부. 족보상 압해정씨 10세인 丁碩弼의 孫壻로 姜益만 있어서 강익이 아닌가 한다.

3 영암군수 金聲憲에 대해《宣祖實錄》1593년 윤11월 9일·10일·11일에서 사간원이 파면을 청했으며, 1594년 4월 17일에서 申尙節과 金聲憲이 官穀을 절취해다가 자기 집을 매입한 죄로 贓汚法이 적용되었던 것으로 나온다. 그런데 李舜臣의《亂中日記》1594년 2월 16일자에는 "흥양 현감이 암행어사(暗行御史: 柳夢寅)의 비밀 장계초안을 가져왔는데 임실 현감 李夢祥·무장 현감 李忠吉·영암 군수 金聲憲·낙안 군수 申浩를 파면하고, 순천 부사(順天府使: 권준)는 탐관오리의 우두머리라고 논란하고,

初三日。

奴介山·春孫等, 載軍粮, 發向慶尙道。新曆未得, 抄書單曆以
見, 可歎。君遇不給, 用錫{辛慶晉.}亦不送, 世亂所致也, 奈何?

[《善養亭文集》卷之三〈雜著·日記〉]

나머지 潭陽府使(李景老)·珍原縣監(趙公瑾)·長城府使(李貴)·昌平縣令(白惟恒) 등
수령의 악행은 덮어주고 포상하도록 상신한다. 임금을 속임이 여기까지 이르니, 나
랏일이 이러고서야 매사가 잘 될 수가 없다. 우러러 탄식할 뿐이다. 또 그 가운데에
는 수군 가족에 대한 징발과 네 장정 속에서 두 장정이 전쟁에 나가야 한다는 일을
심히 비난하였으니, 암행어사 류몽인은 나라의 위급함은 생각하지도 않고, 쓸데없
이 눈앞의 임시방편의 일에만 힘쓰고 있다."에서 나오고 있다.

[부록]

行狀[1]

任焴[2]

惟我宣廟朝, 有孤山[3]處士, 姓丁, 諱希孟, 字浩然, 一道所稱
之奇士也。有諱德盛[4], 唐宣宗朝相國, 大中年[5], 東流新羅押海
郡, 歿而葬, 後屬靈光, 其裔仍籍焉。八代祖諱贊, 仕高麗, 宣力
佐理靖亂功臣都僉議使靈城君, 我太祖朝, 贈領議政。高祖諱
淑, 生員, 谷城縣監。曾祖諱碩弼, 司憲府監察, 茂朱縣監。祖諱
世光, 生員, 萬頃縣令。考諱珣, 生員, 有至孝。妣光山金氏, 參
奉昌老女也。

1　이 글은 《善養亭文集》 卷之四의 〈附錄〉에 실려 있음.
2　任焴(임육, 1736~?): 본관은 豐川, 자는 汝輝. 1774년 식년시에 급제하였다. 1778
　년 肇慶廟參奉, 1782년 麟蹄縣監, 1788년 高陽郡守, 1795년 9월 3일부터 1799년 4월
　24일까지 羅州牧使, 1801년 義州府尹 등을 역임했다.
3　孤山(고산): 전라남도 영광군 생곡리에 있는 五美山.
4　德盛(덕성): 丁德盛. 원래 중국 당나라 사람으로 당나라 文宗 때 대승상을 지냈고
　武宗 때 대양군에 봉해졌는데, 宣宗 때인 853년 軍國事로 직간하다가 押海島에 유배
　되어 왔다고 한다.
5　大中年(대중년): 당나라 선종(宣宗, 재위 847~859)의 大中年間(847~860).

嘉靖十五年, 我中宗丙申, 三月十六日子時, 生公于靈光五龍洞第。金夫人娠公也, 夢靑衣道士, 乘白駒[6]來, 授紫芝花一莖。夫人驚喜而覺, 自其月, 有身而生公。始生心頭, 有紅點如芝花, 因名夢芝。

公爲人, 氣質淸美, 容貌端敏, 小少行止, 已有成人儀度, 稍見非禮, 雖長者, 輒指言之。八歲, 詠松竹曰: "松有高士操, 竹帶君子風。若知勁淸節, 應是白雪中。" 聞者已知有節槩矣。乙卯春, 赴司馬試, 以違格[7]見拔, 自是, 永廢擧子業, 專心於學文之工。庚申, 從學于聽松[8]成先生之門, 受業攻苦[9], 潛心力踐, 洞見爲己爲人之別, 而尋以病, 未卒業而歸。自此, 隱居讀書, 興慕聖賢之風, 博學力行, 期於有成。又以古人爲學次第讀之[10], 先讀小大學

---

6 白駒(백구): 흰 조랑말. 훌륭한 인재들이 타고 오는 말이라 한다.

7 違格(위격): 과거의 과목마다 정해진 문체가 있어서 문제 형식을 달리하는데, 정해진 형식에서 어긋난 것. 違格이면 불합격으로 처리하였다.

8 聽松(청송): 成守琛(1493~1564)의 호. 본관은 昌寧, 자는 仲玉, 호는 竹雨堂·坡山淸隱·牛溪閒民. 1519년 賢良科에 천거되었다. 그러나 기묘사화가 일어나 조광조와 그를 추종하던 많은 사람들이 처형 또는 유배당하자 벼슬을 단념하고 청송이라는 편액을 내걸고 두문불출하였다. 이때부터 科業을 폐하고 《大學》과 《論語》 등 경서 공부에 전념하였다. 1541년 遺逸(과거를 거치지 않고 학덕으로 높은 관직에 임명될 수 있는 선비)로서 厚陵參奉에 임명되었으나 사양하고, 어머니를 모시고 처가가 있는 牛溪에 은거하였다.

9 攻苦(공고): 고난과 싸운다는 뜻으로, 애써 학문을 익힌다는 의미임.

10 이 구절은 《大學章句》의 주에 근거한 것으로 보임. 곧 子程子가 말하기를, "《대학》은 孔氏가 남긴 글이니, 처음 배우는 자가 덕에 들어가는 문이다. 오늘날에 옛사람들이 학문을 한 차례를 볼 수 있는 것은 유독 이 篇이 남아 있음을 의뢰하고, 《논어》와 《맹자》가 그다음이 되니, 배우는 자가 반드시 이로 말미암아 배우면 거의 틀리지

·語孟, 遂及心經[11]·近思[12]諸書, 尋知綱領旨趣, 研窮道義. 又依朱子學規, 以涵養本源, 爲進德之基, 以窮探性理, 爲修業之本, 晝夜不倦, 而至於詞章記誦, 外物紛華, 盆泊如也.

常曰: "人之事親事君, 一也, 愛親者, 必愛君." 又曰: "人之爲人, 惟是忠孝, 此外有何更求." 其忠孝之篤, 本性然矣. 壬辰四月, 島夷入寇, 乘輿[13]去邠[14], 公北望痛哭曰: "國勢將傾, 南中一無勤王之兵, 此豈臣子道理乎?" 命二子鏡·鍵, 負羽從軍, 夫人泣止之, 公曰: "當此搶攘之日, 何可惜身忘國耶? 此非女子所知也." 臨歧泣戒曰: "普天之下, 莫非王土, 率土之濱, 莫非王臣, 汝亦先王之遺民. 當國破主辱之時, 何以保躬逃命, 忘我宗廟社稷乎? 汝等勿爲父母念, 視死如歸. 此爲人臣止於忠之義也." 六月, 聞霽峯高敬命起義兵, 發文一鄕, 募義兵, 收義穀·箭竹, 送于光州. 九月, 本官南宮淀遞去, 邑無主管, 人心潰裂, 有朝夕難保之形. 而主上及王世子敎文, 自行在所來到, 辭旨懇惻, 公

않을 것이다." 하였다. (子程子曰: "大學, 孔氏之遺書, 而初學入德之門也. 於今, 可見古人爲學次第者, 獨賴此篇之存, 而論孟次之, 學者必由是而學焉, 則庶乎其不差矣.") 라고 한 데서 나오는 말이 있다.

11 心經(심경): 송나라 眞德秀가 경전과 도학자들의 저술에서 심성 수양에 관한 격언을 모아 편집한 책.

12 近思(근사): 近思錄. 송나라 때 신유학의 생활 및 학문 지침서. 1175년 朱熹와 呂祖謙이 周敦頤·程顥·程頤·張載 등 네 학자의 글에서 학문의 중심문제들과 일상생활에 요긴한 부분들을 뽑아 편집하였다.

13 乘輿(승여): 大駕. 임금이 타는 수레.

14 去邠(거반): 임금이 전란을 피해 서울을 버리고 다른 곳으로 옮겨 가는 것.

奉讀未畢, 出庭痛哭曰: "遠在草野, 身又疾病, 未效矢石之勞, 憤痛無已." 乃咋脂自誓曰: "若袖手傍觀, 賊陷南州, 則生民魚肉, 不足論, 軍國粮餉, 何以繼之?" 發文于郡中曰: "竊念本郡, 自是江淮之保障[15], 湖海之要衝, 倘或失守, 旋絶粮道, 則此實危急存亡之機也. 方今官無主守, 軍情波蕩, 嬰城[16]死守, 轉漕粮餉, 是今日急先之務也." 乃糾合同志之士, 會于筑城舘, 方議事也. 議在甲乙, 公勃然曰: "今日之擧, 非立身揚名之事, 是爲國決死之計, 諸君幸勿起端." 與李應鍾·姜泰·李洪鍾·姜沆等五十餘人, 歃血同盟, 倡立守城之計, 分部列隊, 各有條理. 孤城危忱, 期以身殉, 忠義所激, 人無異志. 一城之恃而不潰, 得免土崩瓦解, 伊公之力也. 義穀大將奇公孝曾到郡, 使報于守城所, 公答曰: "古人云世亂識忠臣, 豈人可以有位無位而爲哉? 凡我同志之士, 激發忠誠, 鼓動義氣, 殲盡醜類, 掃淸區域, 奉還乘輿, 大丈夫之事畢矣. 如我老疾, 已矣已矣." 慨然發歎, 言淚俱激, 見者莫不感服. 時公年五十有七. 嘗在危城中, 有詩曰: "何知破國又亡家, 遙望美人天一涯. 不覺賈生[17]堪痛哭, 長吟文

---

15 江淮之保障(강회지보장): 唐나라 安祿山의 난리에 張巡이 수양성을 굳게 지켜서 적세를 막아 강회에 보장된 것을 일컬음. 이때 장순은 절사하였다. 江淮 지방의 요충지인 睢陽城을 가리키는 바, 전략적 요충지를 비유하는 말로 쓰인다.

16 嬰城(영성): 적에게 둘러싸여 성문을 굳게 닫고 성을 지키는 것을 일컫는 말.

17 賈生(가생): 賈誼. 중국 前漢 文帝 때의 문인 겸 학자. 秦나라 때부터 내려온 율령·관제·예악 등의 제도를 개정하고 전한의 관제를 정비하기 위한 많은 의견을 上奏했다. 당시 고관들의 시기로 좌천되자 자신의 불우한 운명을 屈原에 비유해 〈鵩鳥

相[18]六哀歌[19]." 又曰: "五歲連兵禣, 干戈老此生。戀君愁未歇,
憂國恨難平。雖處溪山遠, 常懸魏闕[20]情。滋蘭[21]空有日, 九畹[22]
紉芳萌." 當時慷慨之歌, 至今傳之。十一月, 見嶺南義兵將郭公
再祐請粮檄書, 發議郡中, 收送軍餉。癸巳二月, 聞天將李提督
如松克捷平壤而國勢有恢復之奇, 使奴安孫‧介山等, 分送軍粮
於南原及陽川陣中。雖身在草野, 凡有利益於國家者, 則不計家
之有無, 殫竭心力, 皆此類也。

性至孝。四歲, 問父母之義, 萬頃公曰: "生我者父, 育我者
母." 公自是, 能知事親之道, 每晨昏定省[23]之餘, 凡事先意承順,

賦〉와 〈弔屈原賦〉를 지었다. 賈誼가 비통한 심정으로 文帝에게 治安策을 올리면서
"삼가 현재의 상황을 살펴보건대, 통곡할 만한 일이 한 가지요, 눈물을 흘릴 만한
일이 두 가지요, 장탄식할 만한 일이 여섯 가지이다.(竊惟事勢, 可爲痛哭者一, 可爲
流涕者二, 可爲長太息者六.)"라고 전제한 뒤에 하나씩 설명한 고사가 전한다. 곧 시
대의 폐단을 바로잡고자 하는 안타까운 충정을 말한 것이다.

18 文相(문상): 文天祥이 左丞相에 이른 것을 일컫는 말. 문천상은 망해 가는 宋나라를
   구하기 위하여 元나라 군대와 끝까지 맞서 싸우다 사로잡혀 끝내 굴복하지 않은 채
   正氣歌를 부르고 柴市에서 죽은 인물이다. 그의 자는 宋瑞이고 호는 文山으로, 德祐
   초에 元나라가 침입해 오자 家産을 털어 군사를 일으켜 勤王하여 信國公에 봉해졌
   고, 그 후 左丞相에 승진되어 江西를 都督하다가 원나라 장군 張弘範에게 패하여
   3년 동안 燕獄에 수감되었으나 끝내 굴복하지 않고 죽음을 당한 것이다.

19 六哀歌(육애가): 《古文眞寶 前集》에 실린 文天祥의 〈六歌〉를 가리킴.

20 魏闕(위궐): 높고 큰 문이란 뜻으로, 궁궐을 일컬음.

21 滋蘭(자란): 楚나라 屈原이 조정에서 모함을 받고 쫓겨난 뒤에도 계속 仁義를 고수하
   겠다는 뜻을 밝히면서 "내가 구완의 땅에 이미 난초를 심어 놓고는, 다시 백묘의
   땅에다 혜초를 심었노라.(余旣滋蘭之九畹兮, 又樹蕙之百畝.)"라고 노래한 데서 나오
   는 말. 이때 난초와 혜초는 굴원이 자신의 충절과 군자로서의 절개를 상징한 것이다.

22 九畹(구완): 난초 심는 밭.

至誠色養, 孝義之稱, 達於鄕邑。戊辰, 生員公遘疾, 方求鯉魚
之時, 忽有異人來賣二尾。公厚給其價, 則苦辭不受, 及出閭門,
行跡茫然, 終未報償, 人皆異之。及症候劇重, 以至氣絶, 則公
沐浴祝天, 願以身代, 斷指出血, 二次流灌, 以延二十日, 割股和
藥, 飮下數次, 又延十八日, 而天命已窮, 誠孝未格。及喪, 憑
尸²⁴呼哭, 晝夜不絶, 水醬專廢, 如不欲生。旣殯, 不忍暫離, 伏
身苫席²⁵, 哀痛如一日。及葬, 廬於墓下, 冽寒暑雨。不廢展
省²⁶, 三年啜粥, 塩而不醬, 毁瘠骨立²⁷, 杖而後起, 免喪。

事慈夫人, 以養志爲本, 怡色婉容, 一出無違。慈夫人嘗有疾,
思蕨茱時, 天沍氷凍。公周求于山麓, 終未得焉, 忽見後園向陽
之地, 有蕨十莖茁長。公採之以進, 時人驚服。戊寅, 慈夫人疾
革²⁸臨終, 謂公曰:"吾今已矣, 汝勿毁膚, 如前之爲也。"命長孫

---

23 晨昏定省(신혼정성): 자식이 어버이에게 조석으로 문안드리는 일.

24 憑尸(빙시): 시신에 기대는 것. 《禮記》〈喪大記〉에 이르기를, "임금은 신하의 시신을
어루만진다. 부모는 자식의 시신을 부여잡는다. 자식은 부모의 시신에 기댄다. 며느
리는 시부모의 시신을 받들어 잡는다. 시부모는 며느리의 시신을 어루만진다. 아내
는 남편의 시신을 잡고 끈다. 남편은 아내나 형제의 시신을 부여잡는다." 하였는데,
이에 대한 주에 이르기를, "'어루만진다'는 것은, 시신의 가슴 부근을 어루만지는
것이다. '부여잡는다'는 것은, 시신의 옷을 부여잡는 것이다. '기댄다'는 것은, 몸을
구부려서 시신에 기대는 것이다. '받들어 잡는다'는 것은, 시신의 옷을 받들어 잡는
것이다. '잡고 끈다'는 것은, 시신의 옷을 살짝 잡고서 끄는 것이다. 이상은 모두
가슴 주위를 그렇게 하는 것이다. 이를 통틀어서 말하면 모두 '시신에 기댄다'고 한
다."고 하였다.

25 苫席(점석): 喪制가 깔고 앉는 거적자리.

26 展省(전성): 조상의 산소를 찾아가서 돌봄.

27 毁瘠骨立(훼척골립): 너무 슬퍼하여 몸이 바짝 마르고 뼈가 앙상하게 드러남.

鏡, 盡藏刀刃而卒。公拚躄呼哭, 氣絶復甦。自初終至襄奉, 情
文備至, 廬憂謹禮, 一視前喪。有客感其誠孝, 投詩廬下, 其詩
曰: "舜後豈無人, 五十永慕敦。二鯉神有助, 十蕨天借恩。斷指
猶不忍, 割股復何言。古所罕聞者, 於今見丁門。"子鍵懼不勝
喪, 泣請權譬之道, 公終不聽, 服闋[29]。每當忌日, 前期一朔, 不
出門外, 躬執饌具, 雖滌拭之細, 不委婢僕。將事[30]致哀, 如在袒
括[31]。朝夕必拜廟, 出入又告, 歿身不廢。尤篤於追遠已祧之位,
優置祭田, 以爲歲祀之道。

平居, 必雞鳴盥櫛, 蕭然危坐[32], 平心易氣, 俯讀仰思, 思之未
得, 雖竟日終夜, 期於有得, 絶無自畫[33]之念。日誦大學·論語,
手寫太極圖, 以玩索陰陽消長之理, 禮說及性理之書, 悉類會抄
錄, 常置案上, 以學爲樂, 不以外物累其心, 非聖賢之書不讀也。
人勸之赴擧, 則笑而不答, 請與出遊, 未嘗以事免。有酒不嗜, 便
有意會處, 輒隨量而飮, 期在必醉, 浩歌長嘯, 以叙憤懣之懷。

---

28 疾革(질혁): 병세가 매우 위중함.
29 服闋(복결): 3년상을 마치고 상복을 벗음.
30 將事(장사): 제사를 지냄.
31 袒括(단괄): 부모의 初喪에 小斂을 마치고 상주가 왼쪽 어깨를 드러내고 풀었던 머리를 묶는 일.
32 危坐(위좌): 단정히 바르게 앉음.
33 自畫(자획): 스스로 한정하고 나아가지 않는 것.《論語》〈雍也篇〉에 "염구가 '선생님의 도를 좋아하지 않는 것은 아니지만 힘이 부족합니다.' 하자, 공자가 '힘이 부족한 자는 중도에서 그만두게 되지만 지금 너는 스스로 한계를 긋고 있구나.' 하였다.(冉求曰: '非不悅子之道, 力不足也.' 子曰: '力不足者, 中道而廢, 今女畫.')"이라 하였다.

居家之規, 內外斬斬[34], 常處外室, 婢僕罕得見面。夫婦之間,
亦不親昵, 莊以莅之, 禮以導之, 相敬如賓。處兄弟, 友愛尤篤,
同居一室, 不私資産。嘗戒諸子曰:"汝等恒存敬懼之心, 無或懈
惰。人有議己者, 幸勿相較。言人之惡, 比如含血噴人, 先汚其
口, 以此爲戒也。"教諸女曰:"異日往之汝家, 恭順舅姑, 謹奉祭
祀, 至於麻絲紝絍, 罔或不勤。事君子, 遇娣姒, 必須敬愼。財利
之間, 不較多小, 惟恐失兄弟懽心。"

公氣宇嚴峻, 言語簡重。凡在諧謔, 一切默如, 儕友相戒曰:
"一見丁浩然。自然有尊敬之心。"凡事主於寬弘, 未嘗以疾言遽
色加之, 不出一言, 人皆嚴憚, 而不出戶庭, 而鄕鄰倚重。每有
大事, 必諮訣於公。公深謀遠略, 有大過人者, 常不以材智示
人。臨事發言, 有截然難犯之嚴, 而性又慈仁, 見方巢之鳥雀‧
方萌之草木, 則不忍毀傷, 曰:"此雖微物, 自得生生之氣, 豈不
可愛?"又以興起後學爲己任, 教誘不倦, 隨材成就。

所與遊者, 一代名流, 如權石洲韠[35], 辛白麓應時[36], 姜睡隱沆,
李寒泉洪鍾, 尤是莫逆。雅有山水之趣, 卜居龍山, 搆亭善養,

---

34 內外斬斬(내외참참): 남편과 아내의 직분을 엄격히 구분한다는 말.

35 權石洲韠(권석주필): 權韠(1569~1612). 본관은 安東, 자는 汝章, 호는 石洲. 과거에
뜻을 두지 않고 술과 시를 즐기며 자유분방한 일생을 살았다.

36 辛白麓應時(신백록응시): 辛應時(1532~1585). 본관은 寧越, 자는 君望, 호는 白麓.
經筵에 임할 때면 고금의 사례들을 적절히 인용하여 막힘이 없었으며, 지방수령으로
재직 시에는 풍속을 바로잡고 교육을 진흥시켰으며, 사사로운 일에는 청렴하여 집안
에 가재도구가 거의 없었다. 成渾‧李珥와 특히 교분이 두터웠다.

以調身病, 作見南軒·風詠亭, 鑿君子池·舍人潭, 以寓山家之遺
興, 刻銘龍巖之釣臺曰: '一片漁磯, 浩然天地.' 倣朱文公武夷九
曲, 於所居山水, 各揭其名, 又追楊誠齋[37]三三逕[38], 於所行山路,
作九逕, 有詩曰: "三逕初開是蔣卿[39], 再開三逕有淵明[40]。誠齋
奄有三三逕, 九逕重開善養亭." 常慕陶靖節之爲人, 次歸去來辭
曰: "何歸辭, 以寓己志?" 拈出悅親戚之情話。樂琴書而消憂[41]之
句, 大書於無絃琴之腹上。每四時佳節, 與士友唱酬詩文, 以道
仁智之樂, 杖屨徜徉於九曲山水之間。怳然有遺世之意, 視世間
屑屑於名利者, 則不啻若浼。聞順天府有玉川溪, 往見其泉石之
美, 有卜居終老志, 而竟未果之焉。

丙申十月, 宿症添劇, 自料未起, 謂諸子曰: "我死之後。無以
錦帛斂, 只用常時所着深衣[42]大帶." 是月二十二日卒, 享年六十
一。十一月庚申, 葬于生谷先塋下, 英宗二十一年乙丑五月, 移

---

37 誠齋(성재): 宋나라 楊萬里의 호. 남송 4대가 중의 한 사람으로 꼽힌다. 시는 속어를
    섞어 썼으며, 경쾌한 필치와 기발한 발상에 의한 자유 활달한 점을 특색으로 한다.
38 三三逕(삼삼경): 송나라 楊萬里가 東園에 九徑, 즉 아홉 갈래의 길을 내고 각각 다른
    花木을 심고 이름한 것.
39 蔣卿(장경): 後漢의 莊詡. 그는 숨어 살면서 대숲 밑에 세 가닥 길을 내었다.
40 淵明(연명): 晉나라 陶淵明. 그의 〈歸去來辭〉에 "소나무와 대나무와 국화를 심은 세
    오솔길이 황폐해진 가운데, 소나무와 대나무는 그래도 아직 여전하다.(三逕就荒, 松
    竹猶存.)"는 말이 있다.
41 悅親戚之情話, 樂琴書而消憂(열친척지정화, 낙금서이소우): 陶淵明의 〈歸去來辭〉에
    나오는 구절.
42 深衣(심의): 유학자들이 입던 겉옷.

窆于龍山癸坐之原, 即善養亭舊址也。前後夫人祔焉。公遺稿
十五卷, 失於丙子亂, 詩賦日記略干卷, 藏于家。

配礪山宋氏, 萬戶瑗女也。嘉靖甲午生, 先公二十九年丁卯
卒。壺範淑德, 配君子無違。生二男, 長鏡無后, 次鍵直長。後
配興陽柳氏, 部將奇孫女也。嘉靖庚戌生, 後公六年壬寅卒。婦
德亦備。生二男一女, 長釴, 次銃, 女適都事鄭敏得。

鍵生一男四女, 濟元, 婿長高傳民[43], 次邊孝胤[44], 次吳希有,
次鄭時和。釴生五男, 長義元, 次復元, 次孝元, 次愼元, 次舜
元。銃生四男二女, 長善元, 次道元, 次士元, 次有元, 婿長李時
發, 次姜適周。曾玄以下, 不盡載錄。

噫! 公天資近道, 百行俱備, 忠孝之行, 得之秉彝, 養送大節,
無愧古孝子。古所稱一鄉之善士[45], 獨非公歟? 最是以遐土韋
布[46], 當島夷崩騰之日, 憤不顧身, 激義矢死, 約同志爲修城[47]計,

---

43 高傳民(고부민): 高傳敏(1577~1642)의 오기. 본관은 長興, 호는 灘隱. 조선 중기의
    의병장이다.
44 邊孝胤(변효윤, 생몰년 미상): 본관은 黃州, 자는 子元. 아버지는 邊以中이다. 전라
    남도 장성에 거주하였다.
45 一鄉之善士(일향지선사): 한 고을의 훌륭한 선비. 《孟子》〈萬章章句 下〉의 "한 고을
    의 훌륭한 선비일 경우에는 한 고을의 훌륭한 선비를 벗으로 사귀고, 한 나라의 훌륭
    한 선비일 경우에는 한 나라의 훌륭한 선비를 벗으로 사귀고, 천하의 훌륭한 선비일
    경우에는 천하의 훌륭한 선비를 벗으로 사귀고, 천하의 훌륭한 선비를 벗으로 사귀
    는 것이 만족스럽지 못할 경우에는 또 옛사람을 숭상하여 논한다.(一鄉之善士, 斯友
    一鄉之善士, 一國之善士, 斯友一國之善士, 天下之善士, 斯友天下之善士, 以友天下之
    善士爲未足, 又尚論古之人.)"에서 나오는 말이다.
46 韋布(위포): 韋帶布衣. 미천한 선비를 이르는 말.

隱然爲一道倡。其自獻國家之丹忱炳節，與殉義諸賢，固無間然[48]，而幸城全而不死耳。當時殉節，擧蒙褒典，而獨公之烈烈偉蹟，闕而不彰，百世之下，不能無慨恨，而在公何有哉? 公中年有貞疾，勤工不能如少時，而專用力於着裡卷心。別構一亭，扁曰善養。改名曰希孟，改字曰浩然。凡人之所希而楷範[49]者，必從性近處學得，則抑巖巖[50]氣像，公或似之，而集義[51]之養，有所得於己，所獨知者耶? 不如是，何以見於行事之深切著明也?

不佞[52]受符錦城，距公鄕接壤也。熟聞公之後承[53]，從事詩禮[54]，不忝家聲云，眞所謂雖無老成人，尙有典刑[55]者耶。公之八代孫雲老[56]，不知不佞之無似，袖家狀而請行狀，辭而不獲，則謹次如

---

47 修城(수성): 守城의 오기.

48 間然(간연): 흠을 잡아서 비난함.

49 楷範(해범): 모범. 본보기.

50 巖巖(암암): 험준함. 높고 험함. 산이나 바위가 솟은 모양이 높고 험하다는 말이다.

51 集義(집의): 의로운 언행이 많이 축적되는 것을 이르는 말. 《孟子》〈公孫丑章句 上〉에 浩然之氣를 설명하는 대목이 있는데, 그중에 "그 기운은 의로운 언행이 많이 모여서 생기는 것이다.(是集義所生者.)"라는 말이 나온다.

52 不佞(불녕): 재능이 없음. 자기를 겸손하게 부르는 호칭이다.

53 後承(후승): 후손.

54 詩禮(시례): 詩禮之訓. 詩와 禮에 대한 가르침이라는 뜻. 아들에게 주는 아버지의 교훈이나, 여기서는 선조의 가르침 또는 집안의 가르침을 의미한다.

55 雖無老成人, 尙有典刑(수무노성인, 상유전형): 《詩經》〈大雅蕩〉의 "노성인은 없다 해도 전형은 아직 있는데, 한 번도 따르지 않다가 국가의 운명 기울었네.(雖無老成人, 尙有典刑, 曾是莫聽, 大命以傾.)"에서 나오는 말.

56 雲老(운로): 丁雲老(1766~1819). 본관은 押海, 자는 伯心, 호는 春溪. 생부는 丁命爀이고 양부는 丁命煜이다. 宋煥箕의 문인이다.

右, 以待發揮之君子云。

崇禎紀元後三丁巳
通訓大夫羅州牧使 任熿 撰

선양정문집 발
善養亭文集 跋

유최기(兪㝡基)

　못난 내가 지난겨울에 호남의 무령군(武靈郡: 영광군)으로 좌천되어 와서 먼저 고을의 유명한 사람이나 은둔한 선비를 찾아뵙고는 돈독히 숭상하게 되었다. 어느 날 선양정(善養亭) 정희맹의 유고를 읽었는데, 비록 그것이 단편의 보잘것없는 글이고 쓸쓸하게도 뜻이 묻힌 것일지언정 그의 시를 보니 그 사람을 알 수 있었다. 공(公)은 바로 목묘(穆廟: 宣祖)가 학문의 덕을 숭상하던 시절을 만나서 두문불출하며 책을 읽고자 일찍이 과거를 위한 공부를 폐하였다. 또 사생취의(捨生取義)를 자호(自號)로 하게 된 것은 맹자(孟子)의 호연지기(浩然之氣) 글에서 깨달은 바가 있었기 때문이리라. 아, 사람이 이 세상에 태어나면서 타고난 순수한 기운을 잘 기르면 정대하여 점점 고명한 영역에 이르게 될 것이나, 잘못 기르면 혼미하고 게을러 점점 학문을 포기하는 지경에 이르게 될 것이니 두려워하지 않을 수 있겠는가. 비유컨대 나무가 산에서 잘 자라기 위해서는 비와

이슬로 적셔주고 서리와 눈으로 세워주면 하늘을 찌르고 구름을
뚫을 것이며, 고기가 물에서 잘 자라기 위해서는 개울물로 거품을
품게 하고 토양이 감싸 길러주면 지느러미를 흔들며 개천으로 갈
것이니, 사람이 호연지기를 기르는 것도 어찌 이와 다르겠는가. 당
연히 공(公)이 호연지기를 기르려는 바의 곧음과 깨달으려는 바의
바름은 지조가 강직하고 천성이 순후하여 성인의 가르침에 조금도
어긋남이 없었다. 돌아보건대 지금까지 백년이 흘렀어도 여전히
저도 모르게 풍모를 듣고서 공경심이 생겨나 부족하지만 한마디를
적어서 돌려보내는 바이다.

정묘년(1747) 10월 하순
기계 유최기 삼가 발문을 쓰다.

不佞[1]於昨冬, 黜補[2]湖南之武靈郡[3], 首訪郡之聞人逸士而敦尙
之. 一日, 披讀丁善養遺稿, 雖此短篇零牘, 寂寥埋沒, 而見其
詩, 可知其人. 公正値穆廟文治之辰, 杜門讀書, 早廢擧子業.
又其所以自號取義者, 有得於鄒聖[4]浩然之章. 噫! 人於天地間,
稟精粹之氣, 養之善, 則漸臻乎正大高明之域, 養之不善, 則馴

---

1 不佞(불녕): 재능이 없음. 자기를 겸손하게 부르는 호칭.
2 黜補(출보): 벼슬아치를 쫓아내어 외직에 임명함.
3 武靈郡(무령군): 전라남도 靈光郡의 옛 명칭.
4 鄒聖(추성): 孟子를 말함. 맹자가 鄒나라에서 태어났기 때문이다.

至於昏惰抛棄之科, 可不懼哉。譬如木之養山, 雨露以濡之, 霜
雪以肅之, 凌霄而拂雲, 魚之養水, 泉流以煦沫[5], 土脉以涵育,
奮鱗而縱壑, 人之養浩氣也, 何異於斯? 宜乎公之養之直而得之
正, 志操剛而姿性醇, 無負於聖人之訓也。顧今百載之下, 猶不
覺聞風起敬, 聊識一言, 以歸之云爾。

時崇禎紀元後再丁卯陽月下澣, 杞溪兪宬基謹跋

[《善養亭文集》권4]

5　煦沫(후말): 물이 말라 물고기들이 자신의 거품으로 상대의 몸을 적셔 주는 일. 곤경
　　에서 서로 도와준다는 말이다.

임진왜란 수성 명첩서[1]
壬辰倭亂守城名帖敍

유최기(兪最基)

　내가 일찍이 병서를 보니 성을 지키는 것으로 험한 곳에 들어가
웅거하는 것보다 나은 것이 없다고 하였는데, 우리나라 사람들이
성을 지키는데 잘하여 안시성(安市城: 중국 요동)으로 당(唐)나라 백
만 대군을 물리쳤고 연안성(延安城: 황해도)으로 월천(月川) 이정암(李
廷馣)이 크나큰 공을 세웠으니, 성을 지킨 성과가 이와 같았다.

　지난 임진왜란 때 영광(靈光)은 군수가 상(喪)을 당하여 관직을
떠나게 되자 고을을 주관하거나 통솔할 사람이 없었다. 영광군의
유림 선비들이 발의하였는데, 한 사람을 도별장(都別將)으로 추대하
고서 나머지 50여 명에게 각기 직명과 직위를 정하여 부여하고 부
대를 배치하니 체계가 있었다. 다음해의 봄에 명나라의 군이 왜적
을 물리친 것으로 인하여 해산하였다. 비록 왜적을 이기고 전공(戰
功)을 미처 아뢰지 못하였지만, 대체로 보아서 목숨을 버리고 한번

1　《善養亭文集》권4 《附錄》에는 '守城錄序'라고 되어 있으나, 1998년 오성창의기념사
　업회·영광문화원에서 발간한 『靈光壬辰守城錄』의 친필 유묵에 따른 것임.

죽음을 결단하여 국가를 위해 변란을 막을 계책을 세웠으니 늠름하
여 탄복할 만하다. 온 영광군에 재주 있는 인물이 성하였음을 알
수가 있는데, 이는 역대의 군왕들께서 선비들의 사기를 북돋아준
소치가 아님이 없다. 지금은 백여 년이 지난 뒤인데, 각 집안의 자
손 400여 명이 간행하는 것을 오래 전할 방도로 생각하고는 나에게
그 서문을 써줄 수 있는지 물었다. 나는 그것에 대해 말했다.

 "여러분들이 하려는 이 일은 단지 지난 발자취를 기록하여 선조
들의 아름다운 공적을 드러내는 데에 그칠 뿐만 아니라, 격려하여
권면하거나 고무하여 떨쳐 일어나게 하는 데에 하나의 큰 관건이
되지 않을 줄 어찌 알겠는가. 만약 이후에 혹시라도 오랑캐들을
만나게 되면 오늘 50여 집안의 후예들은 선조들의 뜻을 능히 따를
것이고, 한마음으로 힘을 합쳐서 성을 지켰던 옛일을 다시 따른다
면 의로운 소리가 미치는 곳은 어찌 세상을 다스리는 도리의 빛이
되지 않겠는가."

 그리고 성을 지키는 방법을 생각하건대, 군량을 쌓고 땔나무와
꼴을 쌓아두면서 법도를 세워 군사가 지키는 것처럼 해놓는 것이
다. 이 밖에도 깃발을 휘둘러 재를 날린 것은 척계광(戚繼光)의 말이
고, 물을 뿌려 얼음을 얼게 한 것은 정제(程濟)의 법이다. 이것들은
모두 성을 지키는 요령이기 때문에 그저 기록하노니 때를 당하면
본받아서 사용할 수 있게 갖추도록 하라. 하늘이 무너지고 땅이
꺼질까 걱정했던 기(杞)나라 사람처럼 어떤 일이 일어나기도 앞서

꾀하는 것이 아니겠는가. 이에 글을 쓰노라.

정묘년(1747) 군수 기계 유최기 쓰다.

余嘗見兵書, 曰守城莫如據險, 東人善於守城, 以安市城²而却
唐百萬之兵, 以延安城³而李月川⁴樹大功, 守城之效, 如是夫。
粤在龍蛇之難, 靈光以郡守遭喪去官, 無管統者。郡中儒士倡
議, 推一人爲將, 餘五十有幾人, 各定名號位, 置部伍, 有條理。
翌年春, 因天兵却賊而罷。雖未及克賊奏勳, 而大抵捨性命, 決
一死, 爲國家捍難之計, 凜然可服。一郡材彦之盛可知, 而斯莫
非祖宗朝培養士氣之致也。今於百餘年之後, 各家子孫四百餘
人, 思所以鋟板壽傳之道, 來問序於余。余對之曰: "諸君此擧,
不亶爲記遑蹟表先徽而止, 安知不爲激勸鼓動之一大關捩歟?
倘於此後, 或値寇戎, 則今之五十餘家遺裔, 克遵先志, 同心合
力, 復踵守城之故事, 則義聲所及, 豈不爲世道之光哉?" 仍念守
城之規, 峙粮積薪蒭, 設矩爲疑兵。此外颭旗颶灰, 戚繼光⁵之語

---

2 安市城(안시성): 삼국시대에 고구려와 당나라의 경계에 있던 성. 645년 고구려의
   개모성을 함락시킨 당나라 군대는 지형이 험하고 정예 병력이 배치된 안시성을 공격
   하였지만 끝내 고구려가 승리하였다.

3 延安城(연안성): 황해도에 있는 성.

4 李月川(이월천): 月川君의 봉호를 받은 李廷馣(1541~1600)을 말함. 申恪은 延安府
   使로 있으면서 임진왜란이 나기 전 해인 1591년에 이곳에 성을 쌓았는데, 임진왜
   란 때인 1592년 8월 28일부터 9월 2일에 걸쳐 招討使 이정암이 의병을 모집하여
   구로다(黑田長政)의 왜군을 물리치고 이 성을 끝까지 사수하는 큰 공을 세웠다.

也, 灑水成凍, 程濟[6]之法也。斯皆守城之要, 故聊記于左, 以備臨時倣用。無乃近於杞國之憂[7], 先事而謀耶。仍書以識之。

時崇禎紀元後再丁卯, 知郡 杞溪兪宬基述

[《善養亭文集》 권4 〈附錄〉]

---

5 戚繼光(척계광): 중국 명나라 말기 장수. 倭寇의 침입을 물리치는데 큰 공을 세웠으며, 〈紀效新書〉 등의 兵書를 남겼다.

6 程濟(정제): 명나라 建文皇帝 때 翰林으로서 북방의 燕兵이 南京에 침입하자 건문황제를 따라 나가서 도망했는데, 죽은 곳을 알지 못함.

7 杞國之憂(기국지우): 옛날 杞나라의 어떤 사람이 하늘이 무너지고 땅이 꺼지면 자기 몸을 붙일 곳이 없게 된다 하여 침식을 폐하고 걱정을 했다는 고사를 일컫는 말.

수성록 발문
守城錄 跋文

원경하[1](元景夏)

　나는 일찍이 암행어사가 되어 호남으로 나갔다가 건재(健齋: 김천일) · 제봉(霽峯: 고경명)의 묘를 두루 조문하였는데, 순식간에 감회가 일어서 눈물이 거침없이 흘러 옷깃을 적셨다. 섬 오랑캐가 임진년에 난을 일으켰을 때 호남에서 많은 의병을 일으키고 목숨을 바쳤으니, 진양(晉陽: 진주성)을 지킬 때와 금계(錦溪: 錦山) 전투는 지금까지도 일컫고 있다.

　아, 오성(筽城: 榮光)의 여러 의로운 선비들이 군량을 쌓아 놓고 성을 굳게 지켰으니, 그 뜻이 어찌 임금에게 충성하고 나라를 위해 죽는 것에 있지 않았으랴. 그런데도 유독 자취도 없이 모두 없어지고 칭송되지 않으니 어째서인가? 이것은 그들이 건재(健齋)와 제봉

1　元景夏(원경하, 1698~1761): 본관은 原州, 자는 華伯, 호는 蒼霞 · 肥窩. 1743년 藝文館提學 · 奉常寺提調를 거쳐, 이듬해 이조참판을 지냈다. 1745년 副提學으로서 호남의 田政 문란을 상소하였고 湖南陳田改量使가 되었다. 탕평책의 시행방법으로 각 당파의 인재를 등용한 뒤에 당론을 없애자고 주장하였는데 영조의 신임이 두터워 그의 주장에 많은 관심을 보였다.

(霽峯)처럼 목숨을 바친 이가 없었고 오성(筬城)도 또한 진주(晉州)와 금산(錦山)처럼 아주 짓밟혀서 결딴나지 않아서 그런 것인가. 여러 의로운 선비들의 맹세는 백세토록 빛나고 또렷하리니, 오성(筬城)은 아마도 민멸되지 않으리로다.

余嘗持斧[2]湖南, 而歷弔健齋·霽峯之墟, 俯仰興慨, 浪浪[3]沾襟也。島夷龍蛇[4], 湖南多倡義立殣[5], 而晉陽之守, 錦溪[6]之戰, 至今稱焉。嗟乎! 筬城諸義士, 峙糗嬰城[7], 其志豈不在於忠君殉國? 而獨湮沒[8]無稱, 何也? 此其無健齋霽峯之殺身成仁, 而筬城亦脫晉錦之魚肉而然歟。諸義士守城之誓, 昭焯百世, 則筬城庶可以不泯也夫。

[《善養亭文集》권4 〈附錄〉]

---

2 持斧(지부): 암행어사로 지방에 나감을 이르는 말. 예전에 執法使者가 비단옷을 입고 도끼를 가지고 지방에 나갔던 고사에서 유래된 말이다.
3 浪浪(낭랑): 눈물이 거침없이 흐름.
4 龍蛇(용사): 임진과 계사년을 일컫는 말. 곧 임진왜란을 달리 이르는 말이다.
5 立殣(입근): 절의를 위하여 죽음.
6 錦溪(금계): 충청남도 금산군의 옛 별호.
7 嬰城(영성): 籠城하여 굳게 지킴을 이르는 말.
8 湮沒(인몰): 자취도 없이 모두 없어짐.

수성록 후기[1]
守城錄 後記

　　수성록(守城錄)을 그 전에 인쇄하자는 의논이 있었으나 차일피일 미루어 오다가 무진년(戊辰年)에 향중(鄕中)의 사우(士友)가 불갑사(佛甲寺)에 함께 모여 각기 재력을 모아 막 인쇄를 하려다가 불행히도 다툼이 생겨 중지해 버리고 말았다. 그 해의 중추(仲秋)에 어사(御史) 한광회(韓光會)가 남하(南下)하여 유적(遺蹟)들을 들추어 보고 빨리 간행(刊行)을 하라고 독촉을 하여 주상(主上)께 아뢰어 포창(褒彰)토록 하겠다고 허락을 했다. 그래서 즉시 판각(板刻)을 하여 책이 이루어지니 백 년 동안 문갑 속에만 감추어져 있던 것이 후세에 오래도록 전해지는 책이 된 것이다. 이는 실로 후손들의 행복이요, 또한 때를 기다렸던가 보다. 판본은 오직 선양정공(善養亭公)이 당시 손수 쓴 일기로 중함을 삼아 찍어서 널리 알렸는데, 의규(義圭)는 이로 인하여 내 고향 선배가 그토록 국가의 환난(患難)에 서둘렀는데 어찌하여 정유년(丁酉年, 1597) 왜적의 재침을 당하였던가 하고 생각한다. 도별장(都別將)의 종제(從弟) 이광종(李光鍾)이 군량 백포

1　『영광 임진 수성록』, 오성창의기념사업회 · 영광문화원, 1998, 74~75쪽 번역문 인용.

(百包)를 상소문과 함께 봉하여 갖추어 바침으로써 선묘(宣廟)께서 가상하게 여겨 별좌(別座)를 특별히 제수하셨고, 갑자년(甲子年) 이괄(李适)의 변에는 진사(進士) 신유일(辛維一)이 그 당시의 30인 제공과 더불어 의병을 모으고 일도(一道)에 통문을 내어 의곡을 걷어 모으고 본군(本郡)의 쌀 234포를 합하여 미처 공산(公山)의 행재소(行在所)에 바치기 전에 적을 평정하여 임금이 환도를 하셨기 때문에 의곡은 그 당시 도백(道伯)에게 알리어 그대로 본군(本郡)의 변경(邊境)을 지키는 양곡으로 삼았다. 이것도 들춰내어 우리 후생들로 하여금 당일 제공(諸公)의 마음을 알 수 있게 함으로써 풍속 교화에 만에 하나라도 도움이 되게 하지 않을 수 없다.

영조 29년 계유년(1753) 이의규(李義圭) 삼가 쓰다.

찾아보기

영인자료

〈선양정 진사일기(善養亭辰巳日記)〉

丁希孟, 《善養亭文集》 권3 〈雜著·日記〉, 1875

〈행장(行狀)〉

丁希孟, 《善養亭文集》 권4 〈附錄〉, 1875

* 《善養亭文集》 (국립중앙도서관 소장: 청구기호 한古朝46-가418)

여기서부터는 影印本을 인쇄한 부분으로 맨 뒷 페이지부터 보십시오.

是何以見於行事之深切著明也不侫受符錦城距

公鄉壤也孰聞公之後承從事詩禮不忝家聲云

真所謂雖無老成人尚有與刑者耶公之八代孫雲

老不知不侫之無似袖家狀而請行狀辭而不獲則

謹次如右以待發揮之君子云　崇禎紀元後三丁

巳通訓大夫羅州牧使任焢撰

墓碣銘 幷序

聽松成先生之門有孤山處士丁公爲高弟而以一

道奇士見稱於當世嗚呼今距公歿數百餘歲其遺

蹟尚有不泯矣夫公諱希孟字浩然靈光人高麗都

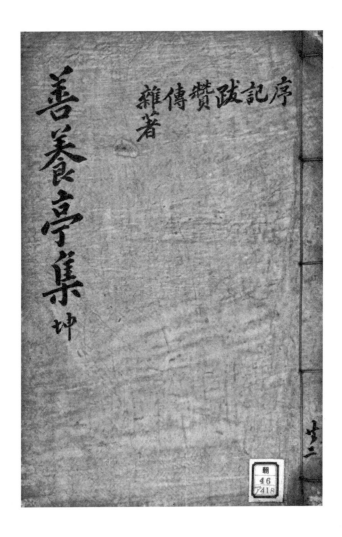

蔡不遠〔縣監 諱復〕　辛君復〔諱應□〕　姜太初〔隱 諱文佐邸〕　金舜卿

號梧軒　辛君佑〔諱濱文 命號錦〕　柳士受〔枕流亭□〕　李德

粹〔諱琨□〕　柳仲華〔云□樂亭□〕　具仲賢〔英□〕　丁君遇

李景洪〔菊圃生員〕　李景輝〔諱宏中號□〕　金汝膺〔諱德渾號□〕　辛□

李德潤〔五□〕　丁得卿〔號虎溪 李子正〕　李子正〔諱□ 一云馬峰□訪〕　辛逸休〔號愚軒□訪〕

日記

壬辰〔宣祖二十五年 萬曆二十年本朝〕四月十三日倭舡四百餘隻

來泊釜山浦進迫東萊府府使宋象賢出其力戰不

克而死其後賊連陷梁山蔚山密陽諸城長驅深入

2

永同黃澗直向京城而沿路諸郡土崩瓦解無一人
禦之者生民被殺不知其數中外洶洶莫知所措嗚
呼致此者誰也
五月初一日聞賊越鳥嶺入淸洪道漸迫京城云本
道巡察使李洸將起大軍西上而鏡兒以校生生今學
被抄而去痛哭不忍言遂慰諭之曰普天之下莫非
王土率土之濱莫非王臣汝雖無似亦 先王之遺
民也當此板蕩之日何可保躬逃命忘我 宗社予
且疾風之草此時可知汝勿以父母爲念苟免爲幸
視死如歸立大節於邦家則此臣子之道也卽聞村

村曲曲哭聲騰天此杜工部所謂爺孃妻子走相送
哭聲直上干雲霄也〇初五日本伯自公州罷還而
大軍亦無故觧送鏡兒來矣本伯回軍事人莫知
其由是日間　主上率妃嬪及百官出避開城府將
向平壤云痛泣痛泣此白居易所謂九重宮闕煙塵
生十乘萬騎西南行也〇十六日又以巡察使令抄
精兵嗚呼老矣雖懷奈何聞都元帥金命元斬獲賊
首三百二十餘級云然耶然則天之助我可知矣倡
軍士多逃匹云以此推之則民心已失耶未知厥終
之如何憂憤成疾矣〇二十二日聞我軍乘勝追擊

賊飢困將渡臨津江〔在坡州〕都元帥金命元率五千兵

開城留守洪仁瑞率七千兵咸鏡監司柳永立南道

兵使李渾率精兵萬餘平安監司宋言愼兵使李潤

德率輕騎萬餘黃海監司趙仁得率精骁九千來會

約束待變賊果至江頭無艇夜撤人家造筏欲渡之

時五部兵合擊大破之斬賊三百餘首大呼皷直

八津頭江水波急賊還向走渡觸於髐石溺水浮流

者不知其數中搶碎劍者亦多賊還走八京城城門

盡閉江原道兵京畿左右道軍忠淸道兵數萬適至

義兵亦繼至合勢圍城以待賊之飢死云又聞賊徒

日記 瑣尾錄卷之三 二十 一

囧屯黃澗畫則登山夜宿人家殺掠無餘忠淸防禦

使使利劃善射者伏於要路射殺賊魁七八賊一時

奔散云又聞本道水使李舜臣率名鎭兵舩戰於露

梁火破賊舩四十餘隻射殺無數云又聞慶尙右水

使亦大捷賊菩黃奔走爲本道防禦使所敗不敢窺

西海而又多得賊馬鐵廣大頭口等物云然耶傳聞

何可盡信是日本官南宮覘到官夏聚逃軍而以我

爲開誘將午時八見馳至西面闓里空虛人烟蕭瑟

只見宋龜年放十山君遇從旅南竹而軍其不可多

得矣○二十四日與元奴頭得軍人二十名付官官

方欲發程耳奴德同搶卒去奴愛終步軍去

六月初九日間李洸回軍之故則前鋒將白光彥輕

賊髮入爲賊所斬諸將一時瓦解而軍粮軍器亦皆

棄走云此所謂藉寇兵而資盜粮者也非徒本道軍

慶尙忠淸之軍亦皆退走云俱是一道之大將軍陣

無勇如此其誰恃之痛憤無已是日德同愛終亦無

故生還可訝〇十一日聞前府使高敬命起義兵發

光州前府使金千鎰起義兵於羅州云可喜可喜自

變後南中寂然無聞至是義聲大振孰不捐生從義

乎遂以書通諭二卷鄕中設都廳敎校中分定諸有

7

司一優募義具一優募義穀又造弓箭鎧劒等物分
送二處呴羅州所去則義兵四十名義穀十五石長
搶二十長釰二十強弓三十飛箭四百箇光州所去
則義具六十名義穀二十五石長釰三十
強弓三十八飛箭六百箇矢既會士多願屬高敬命
故如是不均耳伯兒鏡往羅州次兒鍵往光州而渠
等雖不忍去王事奈何伯兒臨行發暑症故使奴風
金同往金雲代奴不去可歎義具數萬彌五萬云○
二十四日聞賊追及平壤 大駕欲移次咸興云各
官以具使令抄軍奴同伊所耕戰馬驅奴去前者安

孫無事回還矣○二十九日聞賊共犯本道錦山云

朕則南泚糧道必絶矣言念國事訏無所及又聞都

元帥金命元以都城士大夫婦女妻妾越不濟津皆

斬云弟妹之生死尚不問知痛泣罔極後聞

則見斬之說皆虛言也然則何以保全耶

七月初五日聞申砬敗軍八北道募前日所

知勇士百餘人變着倭服潛入都城賊知以同類開

門許八亂斬賊首一百八十二級且聞都元帥尹斗

壽與賊戰於青石洞斬首一千七十四級云慶

尚義兵將郭再祐滿載賊耳一駄送于南原云可快

可快南中至今無事功在李舜臣一戰之力也〇十

二日驚聞高敬命敗於錦山與其子因厚同死而義
兵及防禦軍盡爲被害云然則鍵兒亦未免矣痛歎

奈何〇十四日聞全州陷城之奇一鄕人皆爲船避
之計安堵無路我獨何爲後聞全州之敗虛說云賊

覘知其有備退屯龍潭云義兵金淳昌齊閔亦敗云

八月初二日聞　大駕爲賊所逼時駐龍川云又聞

行朝用兵曹判書李恒福計遣請援使李德馨赴訴

天朝天朝聞遼左訛言朝鮮導倭八寇疑之其部尙

書石星遣指揮使黃應暘来揆其虛實後遂央東援

之議乃遣遼東副總兵祖承訓遊擊將軍史儒將七
千兵而來又命山東道出舟師十萬直屆日本云
天兵進攻平壤殲滅無餘生擒倭酋截耳通告于京
城倭曰爾輩能戰戰不能斯速出去云賊亦爲憤兵
以輕銳萬餘又向平壤列鎮諸將束手無策鄭一師
激江虢松尹左祖斗壽設奇詐於大同江邊挾擊大破
之餘賊又合京倭夏向關西云此則 天兵盡礪耶
自此庶有恢復之勢倡我國軍師不肯赴戰道多逃
凶云無可望矣○初九日聞前府使崔慶會起義兵
往陣南原本邑丁大壽金蓂海等往從之又抄前赴

義兵故奴風金送之○十一日見郭再祐毀罪金睟
通書眸時以嶺伯不勤禦戎晏坐迎賊故以迎賊喜
敗忘恩不孝欺世無恥忌成七罪目遍示一國見來
可知南人用心之道矣所謂道伯如是則國何以恃
之民何以依之○十三日間本伯罷黜降定白衣從
軍之律以先州牧使權慄陞差領軍云又聞錦山尚
有餘賊崔慶會軍亦見敗云○十四日間　大駕次
義州　世子次伊川手書勉諭義兵諸將見其辭意
不勝痛泣○二十七日以義穀事八校歸路逢校官
姜文弼聞賊倭尚在京城及開城府恢復無期未知

國事之如何云尤為憒悶又聞僧義兵亦起云可嘉

九月初三日未時聞京妹妻金㻐率諸兒來到高敞孝

仲無姓名記兄主家云驚喜罔極即命鈦兒與經世奴持

馬發送于中路亂離中何以係全生還此天必黙佑○初四日申

而燕也蘇喜病懷不覺雀躍折屐之動

時阿妹行次八來孝民章女婿金㻐妻及金仁澤金㻐三子自浦跋陪

來來自江華乘艇十餘日到泪羣山浦安在狀

涉山川行至萬頃幸逢金淳昌齊閔父子以其所騎

馬使乘阿妹母女至東津安在狀厥恩罔極投宿黿井

近村又得價馬顚八十柱洞敞在高雷一日八來

日記 學圃先生集卷之三 二十四

龍山自四月二十七日避亂奔竄一家係全天也如

此亂離中得見再生之人不亦幸乎俚元氣漸盡弱

物不入口呻吟臥病不省人事倥女尤甚應其不能

救此可憫也卓煇率其妾自東津分離向順天云

可惟其後金仁沆子二往尋亦不来云○十一日見

主上教諭本道士民書 七月二十六日所出 以竭力盡忠期於

恢復之意下諭又見 王世子教書 八月初一日所出 以南中

人材財賦益勉王事之意下諭 聖教若是懇惻而

夏無一人起義者憤歎無已○十六日義穀一石載

送于法聖浦 郡任本 有司李宏中李容中李洪鍾李克

扶受之義穀大將奇孝曾（蒿峰先生子）領近邑所聚米漕

運于 行在所日前長片箭并十箇白米五斗因校

中人優送于義兵所吾雖如此境內大小民人數次

勸送皆不肯許凹不勤之責雖歸於都我何為

哉丁潑先送一斗米可嘉歟若此而何以收之○二

十四日聞歸山倭賊出去云然則本道可以得全乎

賊謀難測何可信也○二十七日奇孝曾到院（陰近德）

先使人間安答曰古人云世亂識忠臣豈以有位無

位而言也凡我同志之士激發忠誠皷勳義氣殲盡

醜類掃清區域奉還 乘輿則丈夫之事畢矣如我

善養亭集卷之三　二十五

老病已矣巳矣義兵諸將敢不勗哉聞姜沆奮眛登

舟赴于　行在云丁鐸又赴義曰不遇盤根何以別

利器不入厮穴何以得虎子此正垂功名於竹帛之

秋也云故稱賞者久矣後聞則皆中止云

十月初二日聞主官遭內艱而以伏兵將赴錦山未

及永訣云主官卽前簽判南宮悌子也簽判與吾先

君同年故〔丁酉同榜進士〕爲本伯時八吾家與先君寀寀稳

話情義有別及主官下車又以世誼相從內外咸知

其誼未久聞計燐燐只其弟凍治裒云耳日前聯枕

於柳士受〔益禮〕家矣卽欲八吊而左膝股酸痛未得運

步可悶○初五日與君遇齊戒八齊○初六日曉安
行祖父忌祀同君遇下南竹李芬李雙適到偕欒八
邑主官尚未奔喪只兩南宮泳而還○初八日以家
中憂故京妹下送于外闢我則姑避于畵堂○十二
日聞賊共彌菊一國而惟湖西湖南頗得小完黙雲
峯錦山等邑已作賊窟則未知朝夕之間至於何境
也若袖手傍觀連陷南州則生民被殺不足舉論軍
國糧道何以繼之百爾思之係城安堵末有其策乃
貼書二卷見於境內同志之士以為守城之計○十三
日聞巡察使以李邦柱為本郡假官以顧人心盖主

日記 尊巖事集卷之三 二十六 一

官遣委故如是然民間日益騷動安靜無路守城之
事不可不急行也○十六日以守城期會事八邑則
無一人來矣夕李和叔（應鐘）李季鳴（洪鐘）辜其子姪而來
李景洪（中畧） 君遇弟繼至同留于校中達夜相議皆以
急行之事言之○十七日一鄉士子某某人無不來
會以此推之則足可以起義 勤王也一書而來者
如是其多矣○十八日設遂放箕城館次第而坐遂
大議事議任甲乙妥以余欲爲盟主余出座而立曰
今日之事非立身揚名之舉也乃爲國存家之計凡
放其任辭而不當者可謂悖義然顧念此物百病在

身呻吟委頓不省世事者多矣發文設行決無自當
之意幸望僉座下詳擇望重之人而任之也城之守
不守郡之安不安繼在其人可不慎哉於是座中默
黙無言余又曰今日之讓日中不決苟非謀大事之
本意也幸出公議處之也又無一人起言者余乃作
密筒而輪回之權而見之衆望都歸於叔卽以和
叔爲都別將其下諸任次次權議分定任號二十四
人員五十五也間以能勝之人或兼二任則無敢免
焉遂合席歃血而盟曰凡我同盟之人旣盟之後違
盟者斬自是各執其役惟以殉城死事爲意士氣憤

善養亭集卷之三　　二十一

發軍情嚴肅是日鏡兒八來鬼形已成滿座莫知痛
泣痛迄聞其言則發行時暑疾去益苦劇呈病狀免
還矣中路益添呻吟行露公州萬德寺僧性旻者見
而憐之饋員八寺自七月二十日至九月晦一不出
門五徑死變而幸賴神僧之恩得全一縷而來云亂
離之事不忍提說也子有患難父所不知時耶命耶
歎如之何使之卽爲還家則和叔向余言曰令允旣
是萬死得生則不可不八此盟遂以軍官之任望定
使之調理八直云以渠之形狀實難舉行而事機名
義故不得請逦而去矣○都別將生員李應鍾副將

前萬戶姜燊從事官幼學李洪鍾李琨辛長吉丁希

說林逐春生員李容中軍正前㑑奉李宏中幼學丁

希孟希謙官幼學李憲忠順衛李安鉉前副將李王

幼學廬石齡柳益謙金載澤丁希說奉端懿林逐春

掌文書金泰福李克扶姜沉弊癀官李容中李

克扶守城將忠順衛吳貴英從事官忠義金楠壽幼

學丁汝璣都廳書記幼學金九容丁應璧吳玟丁久

大將軍官丁鏡柳永海李孝顏李克揚李克授副將

軍官金雲柳溱姜潤守門將南李希孟姜克孝北金

大成李琚中衛將崔希尹中部將李希龍遊軍將金

日記 ⋯⋯ 二十八 一

贊元外陣將西李孝閔南金椿壽東韓汝璟從事官
西金慶南李惟認東金先選軍官金廷式宋若先鄭
汝德鄭恬守城軍官姜洛金奉天○守城兵法曰守
城之道無恃其不來恃吾有以待之無恃其不攻恃
吾有所不可攻故善守者敵不知所攻非獨爲城高
池深卒強糧足而己必在乎智應周密計謀百變或
彼不來攻而我守或彼不挑戰而我擊或多方以謀
彼師或襲出而疲彼師或彼兀鬪而我不鬪或彼欲
去而懼我襲若此者皆古人之所以坐而役使敵國
之道也此雖得禦攻之計然又要先審可守之利害

凡守城之道有五敗一曰壯大寡小弱衆二曰城大
而人小三曰糧寡而人衆四曰蓄貨積於外五曰豪
強不用命加之外水高而城內低土脉踈而池隍淺
守具未足薪水不供雖有高城宜棄勿守亦有五全
一曰城隍修二曰器械具三曰人小而粟多四曰上
下相親五曰刑嚴賞重加之得泰山之下廣川之上
高不近旱而水用足下不近水而溝防省因天時就
地利土堅水流險阻可恃兼此形勢守則有餘故兵
法曰城有所不攻又曰善守者藏於九地之下皆謂
此也凡守之道敵來逼城靜默而待無輒出拒候其

善養亭集卷之三

夫石可及則以術破之若遇主將自臨度其僥倖以

強弩叢射飛石俟擊斃之則軍瞀沮喪其勢必遁若

得敵人稱降及和切勿弛備當益加守禦防其詐我

若敵攻已久不援而去此謂疲師可躡而襲之必破

此又寄之明哲見利而行不可覊以常撿也○二十

二日見 皇帝(大明神宗)勑諭 國王書及 主上教諭

臣民書(九月六日所出)矧以激功忠義亟爲崖復之意下諭

○二十三日聞 王子二君(臨海君和順君)被拘放賊云臣

民不勝其憤况 聖上之心于天其旣臨義兵亦起

則賊雖小挫然所謂南人輩萬端指嗾夏挑怒鋒云

其梟獍之腸甚於役賊何不先斬此類之頭以示四
方耶聞晉州〔金時敏〕之捷延安〔李廷馣〕之全皆由於
守城云吾等亦當竭力守之耳○二十四日聞家信
則以田稅徭役等事爲憂云自變初賦役煩重支當
者無幾哥矣富人哀此懼獨還租捕軍修城等事一
時嚴督閭里騷動可恨可惘
十一月初二日聞孫兒致澤病餘腹痛死云痛矣痛
美無母之兒未能藥治而至此尤爲悲憐○初三日
見慶尙道義兵將郭再祐乞粮檄書語甚懇惻議於
都廳差出各面有司而人員不足故兼付守城任員

日記 □ 尊□事集卷之二三　三十　一

事甚煩劇朕不如是則萬無以合之道矣○初六日

新官李安繼到郡文官金泮率家屬流寓於其奴家

往見之問辛慶晉家信則不知云○初七日都廳諸

員欲見新官之時體察使關文來到論以分朝教勑

曰在喪武臣起身因任云新官即出北門去故未見

耳假官李邦柱還任○初九日還家齊○十一日

安行先姚（先山金氏）忌祀祭員鍵兒柳澳而己○十三日

八都廳議以李琚柳光亭爲募軍別將盆募義其○

二十日還家齊戒監造祭物○二十二日安行祖姚

（文化柳氏）忌祀祭員鎔姪鍵兒鎭侄鐵壽石壽眉壽從而

26

巳此祀當行族宗孫家而先君自當奉行及余不肖
故雖亂中何毀親命乎是日柱見臨淄劍使言先山
偷木者則掜來重治可快毀百年培養丘木以造艐
盡斫可惜然都城之木尚不保全云謂之奈何○二
十三日歸拜親墓到家則鏡兒元氣未蘇又得回痛
症甚不輕應其不能起勢難相離自都廳連有促書
故遼八則諸員皆在而但李景洪（中容）以家故出去矣
○二十四日聞鏡兒之病幸得藥餌之刀小有微欸
可喜○二十六日與君遇往見辛禮山（世應）而還體察
使軍官金應瑊到郡作弊滋甚渠無足責而上司任

日記 斈養亭集卷之三 三十一

人如是顚倒乎遺生民夏誰依賴不特愚氓流散士

族之家悖不支保守城之事誰與爲之可謂寒心也

○二十九日都別將八來

十二月初三日別將出去君遇八來卽見軍官于上

房乃金應珹三從弟也雖言乃兄作弊之事不肯聽

之奈何是夕與君遇出来齊宿○初四日行曾祖父

忌祀祭員鎔佺而己食後冒風雪往見監察妹氏 全友

葵事于六昌里申時返魂與君遇到生谷書堂而 尹妻

宿矣辛禮山適来穩叔○初五日八都廳齊會就慰

主官受罪召募使之事退臥廳中則觸風遝来冒寒

直宿窅腰之痛兼發喘痰之症亦劇勢難支吾○十

四日往省先君墓使山直順良掃除封域內積雪而

後八來○十五日以日前分定之穀僅蒲十石鬻出

守城粮十石合二十石使八馬十八人運送南原以為

運致郭將軍所而兼付答書焉○十六日到金回家

聞鍵兒末女之病報至家則已死矣聞兒輩之言則

快蘓可幸嶺南運粮時家鼈持去矣憐憐而但伯兒

近者生病始瘳未必致遠云耳鈜兒聯誦累日課讀

之書可嘉○十九日八都廳○二十一日曉李琚柳

光亨八來言周行防曲人家空虛蒲目蕭燕提軍不

善養亭集卷之三　三十二　一

多云○二十四日自嶺義其所〔慶曾〕〔軍中〕關文来到促義

兵之不赴者家奴風金亦八其中可訝渠不還家又

不從軍則中路病卧必無逃凶之理矣柳淹亦以

秘告軍捉去事八来言闔里一空軍丁不得云○二

十五日聞公主亦被拘於賊云然耶憤切憤切高敞

縣監鄭慶遇以差員到郡使人問安故答曰方今國

事之恢復只在諸義士用誠之輕重各自勉勵崖復

王室豈非吾輩之事乎○二十七日聞水營官人之

言則倭艇百餘隻又到濟州海云然則何以保全家

卷一家巳矣國家恢復無期憂悶○二十八日鏡兒

八来李克扶呉貴英呉玹柳永海李孝顔李克揚亦

八来終日試㕛〇二十九日崔希尹李希龍金贊元

李孝閔金椿壽金慶八来又爲㸃軍巡城鍵兒來言

別座〔姓名無記〕嫂氏到生谷書堂其夕失火艱辛得滅云

癸巳正月初一日諸兒諸侄皆來見午後就祖父墓

行祭員君遇大壽三兄弟石壽而已仲宅〔公生宅貞〕當

次之又就曾祖父墓行祭鏡兒當次之又就父母主

墓行祭鍵兒當次之〇初二日八都廳則諸員皆空

任不在即令軍奴促還是夜柳先亨李琚李珩等提

軍十餘名直入城中城中驚動即以夜驚之罪代狀

31

善養亭集卷之三　　二十三

柳奴光亨以乗夜納人之罪代杖李奴取布益○初三
日都別將以下八見主官倨韓汝璟李惟認金光選
金廷式丁汝璣丁久不然故付罰○初十日鎮倅来
受大學○十一日聞賊徒彌蒲國中而但忠清全羅
兩道小安賦役煩重民不聊生士族之兄弟子侄無
遺從軍一不得支係守城運粮等事何以爲之愁亂
不可言○十四日聞甥侄金仁洽仁溉各率其妻子
下来云未知自何處流離生還抃喜無已又聞辛慶
晉得妻子八堂上望云尤幸○二十二日訪辛禮山
見柳習讀記名鑑妹到柳士受家金汝膺室內以難產

百藥無効遂棄世云可矜鏡兒來雷洽襄○二十四

日八郡廳則主官罷職狀来到諸員皆八慰

二月初二日聞天将進圍平壤城三日而拔之云去

年天兵不利史遊撃儒死祖總兵訓承僅以身免而歸

誣言我兵助倭致敗朝廷又遣大臣辨之 皇帝遂

遣提督李如松成長子梲将十萬兵去十二月渡江鴨綠江

正月遂大捷都元帥一人大將四人遊撃將四十

人衛部将二十炮手二千炮車三千軍粮八萬石馬

草十二萬駄云提督李如松副總兵李如栢楊元張世爵提督中軍參将方時春義州衛元張參将李如梅統領薊鎮參将大事王問南兵遊撃周弘謨大同遊撃高昇衛副總

兵

終養正原任副總兵孫守廉王惟寅祖承訓王有

難吳希謹督大受原任叅將駱尚志張應神楊紹先

郭夢徵蘇國賦薛朝弁原任遊擊李如栢全王承恩胡蘭方

萬陳方喬張奇功戴祖惟敬蔄遊蓬李如梅終養中胡蘭方臺

保越之牧任錢世心陝待中遊擊高侕微平山西遊擊施侕朝卿文命原

學易都事王如迎吳必禮千世累大有李陳中提督朝坤宋柒史老錢

任情劉恩邢王如外會張喬松欽養經略兵部主事黄

朱邁昌兵邢貞郎張喬松欽賞兵部主事黄 ○初

四日舊官以假官交代事出臨城外張世家諸員八

見○初十日諸員夏盟旅都廳曰方今主官又遞邑

無統管守城不可小緩諸君盍加勉勵終始如一可

也姜叅李琨以身病不叅○十一日聞卓鄉自順天

來函外間云故出見則其妻子婦女皆免禍生還俱

會一處可謂天幸但眷率衆多何以得養是可慮也

歷見蔡高敞復八都廳○十四日卓卿金仁洽鏡兒

來見○十五日兒天將[劉職]谷文及主上教書[正月]

上教書[七日下諭]幷以激義斬馘之意下諭○十六日又見主[正月八日所下]

各備粮餉以俟天兵之意下諭○十

八日還家使安孫長同載粮米於家牛送南原[所義兵]

又使奴介山愛終護負送陽川[所防禦]一日之內分送

二處勢雖難支然 聖教之下豈可坐視不顧乎卽

八都廳○二十二日聞李聞遠計別將僉君皆鬥去

○二十八日到體府因任舊官聞天將已占破竹之

日記 二十五 一

勢賊兵退縮云故罷守城事

三月初五日卓辦家眷自外間來居龍山○十二日

間新官申尙節出云

四月初五日聞賊退屯嶺南留陣不去而 天兵亦

不肯進擊云可憫

五月二十日見天朝兵部侍郞宋應昌答左議政尹

斗壽書以勿爲急迫徐圖心服之意回示之見其書

則我心先定一從天將之指揮則何有後患乎○二

十六日夜末女生順産可幸

六月初八日聞昌平仲叔 外叔 計音 五月二十九日出慶 痛切運

粮之馬尚不還故未得往哭耳

七月初七日聞晉州陷城倡義使金千鎰與其子象

乾從仕官梁山璹諸人同日殉節云不勝憐憫晉州

前以守城俱全云何以陷之乎然則賊雖窮縮

餘氣尚存矣若知如此則守城之撤豈不輕旋于雖

然一罷之後難可復設奈何○初八日奴介山等自

慶尚道持馬生還多幸今我國所恃者天其而不肯

赴戰賊則自晉陽之階退去東菜云厥謀難測也

八月初七日見皇制通文則大少人員戎服及裡衣

皆穿袖禁軍以下公私賤去笠子着氈笠小帽小袖

善養亭集卷之三　　　三十一

袒来九月一日為始奉承傳啓下云□○初八日齊

戒○初九日行先府君忌祀祭員鏡兒鍵兒鎰侄金

仁洽仁瀷仁澤炎妹弟及柳澳妻氏昨巳来到今夕

各歸○十一日金汝膚來言賊遍在居昌以下列邑

屯聚不去云○十五日祭祖父墓鎰侄當次之祭員

君遇鏡兒兄弟大壽三兄弟方大〔名字無配〕而巳午後祭

先府君墓奈員鏡兒兄弟金仁澤而己夕丁久来畱

訊月放善養亭

十月十五日壽聞　主上還都云臣民之幸莫大矣

十一月十二日主官以吾等某某人差捕軍別有司

促令搜捕而若或不勤則丁寧就死云惶恐無任聞

賊屯東萊故天兵亦下去云

閏十一月十五日聞天兵撤回云餘賊孰能除之本

道義將只有金德齡一人而智勇絕倫一國皆稱以

將軍或可樹大勳耶主官申尚節罷職

十二月二十日聞 東宮駐全州設科取人文科則

尹晴郭雲愷沈悅金弘宇朴孝誠李愷妻沉李振先

八人武科不知其數本郡三十餘人亦得參云

甲午正月初一日祭先君墓午時祭祖父墓午後祭

曾祖父墓祭員只吾三父子蕭弟侄皆不參可憎○

初二日上茵山餞別朴近而（遠知）乃姻叔之婿也歷見

習讀妹氏及辛禮山西還聞金靈巖（憲聲）罷職之奇命

送鏡兒○初三日奴介山春孫等載軍粮發向慶尙

道新曆未得抄書單曆以見可歎君遇不給用錫（辛慶）

（晋）亦不送世亂所致也奈何

善養亭文集卷之三

40

영인자료

〈행장(行狀)〉

丁希孟, 《善養亭文集》 권4 〈附錄〉, 1875

善養亭文集卷之四

附錄

　行狀

惟我 宣廟朝有孤山處士姓丁諱希孟字浩然一
道所稱之奇士也有諱德盛唐宣宗朝相國大中年
東流新羅押海郡歿而葬後屬靈光其裔仍籍焉八
代祖諱贇仕高麗宣力佐理靖亂功臣都僉議使靈
城君祗 太祖朝 贈領議政高祖諱淑生員谷城
縣監曾祖諱碩弼司憲府監察茂朱縣監祖諱世光
生員萬頃縣令考諱玽生員有至孝妣光山金氏譽

善體亭集卷之三

奉昌老女也嘉靖十五年我　中宗丙申三月十六
日子時生公于靈光五龍洞第金夫人娠公也夢青
衣道士乘白駒來授紫芝花一莖夫人驚喜而覺因
其月有身而生公始生心頭有紅黶如芝花因名夢
芝公爲人氣質清美容貌端敏小少行止已有成人
儀度稍見非禮雖長者輒指言之八歲詠松竹曰松
有高士操竹帶君子風若知勁清節應是白雲中聞
者已知有節躲矣乙卯春赴司馬試以違格見扳自
是永廢舉子業專心於學文之工庚申從學于聽松
成先生之門受業攻苦潛心刀踐洞見爲已爲人之

別而尋以病未卒藥而歸自此隱居讀書興慕聖賢
之風博學力行期於有成又以古人為學次弟讀之
先讀小大學語孟逮及心經近思諸書尋知綱領肯
趣研窮道義又依朱子學規以涵養本源為進德之
基以窮搜性理為修業之本晝夜不倦而至於調章
記誦外物紛華益泊如也常曰人之事親事君一也
愛親者必愛君又曰人之為人惟是忠孝此外有何
憂乎其忠孝之篤本性然矣壬辰四月島夷八寇
乘輿去邠公北望痛哭曰國勢將頹南中一無勤
王之共此豈臣子道理乎命二子鏡鍵貢羽從軍夫

行狀　鶴峯先生文集卷之三　二十一

人泣止之公曰當此搶攘之日何可惜身忘國耶此
非女子所如也臨歧泣戒曰普天之下莫非王土率
土之濱莫非王臣汝亦　先王之遺民當國破　主
辱之時何以係躬逃命忘我　宗廟社稷乎汝等勿
爲父母念視死如歸此爲人臣止於忠之義也六月
聞露峯高敬命起義其發文一鄉募義兵仗義殺賊
竹送于光州九月本官南宮睍遞去邑無主管人心
潰裂有朝夕難保之形而　主上及　王世子敎文
自行在所來到辭旨懇惻公奉讀未畢出庭痛哭曰
遠在草野身又疾病未欬夫石之勞憤痛無已乃昨

脂自誓曰若袖手傍觀賊陷南州則生民魚肉不足
論軍國粮餉何以繼之發文于郡中曰竊念本郡自
是江淮之保障湖海之要衝倘或失守旋絕粮道則
此實厄急存亡之機也方今官無主守軍情波蕩嬰
城死守轉漕粮餉是今日急先之務也乃糾合同志
之士會于簀城館方議事也議柱甲乙公勃然曰今
日之舉非立身揚名之事是爲國決死之計諸君幸
勿起端與李應鍾姜泰李洪鍾姜沉等五十餘人歃
血同盟倡立守城之計分部列隊各有條理孤城厄
怵期以身殉忠義所激人無異志一城之恃而不潰

行狀 等集 之三.

得免土崩瓦解伊公之力也義穀大將奇公孝曾到

郡使報于守城所公答曰古人云世亂識忠臣豈人

可以有位無位而爲哉凡我同志之士激發忠誠鼓

勵義氣礪盡䵝類掃清區域奉還　乘輿大丈夫之

事畢矣如我老疾已矣己矢慷然發歎言淚俱激見

者莫不感服時公年五十有七嘗在厄城中有詩曰

何知破國又匹家遙望美人天一涯不覺貿生堪痛

哭長吟文相六哀歌又曰五歲連其裸干戈老此生

戀君愁未歇憂國恨難平雖處溪山遠常懸魏闕情

滋蘭空有日九畹絅芳荊當時煉慷之歌至今傳之

十一月見嶺南義兵將郭公再祐請粮檄書發議郡
中收送軍餉癸巳二月聞天將李提督如松克捷平
壤而國勢有恢復之奇使奴安孫介山等分送軍粮
於南原及陽川陣中雖身在草野凡有利益於國家
者則不計家之有無殫竭心力皆此類也性至孝四
歲問父母之義萬頃公曰生我者父育我者母公自
是能知事親之道每晨昏定省之餘凡事先意承順
至誠色養孝義之褥達於鄉邑戊辰生員公遘疾方
求鯉魚之時忽有異人來賣二尾公厚給其價則苦
辭不受及閭閻門行跡慈然終未報償人皆異之及

行狀　□□□事集□□四

四一

症候劇重以至氣絶則公沐浴祝天願以身代斷指

出血二次流灌以延二十日割股和藥飲下數次又

延十八日而天命已窮誠孝未格及襲憑尸呼哭晝

夜不絶水醬畢廢如不欲生旣殯不忍暫離伏身苫

席哀痛如一日及葬廬於墓下凡寒暑雨不廢展省

三年啜粥而不鹽致瘠骨立杖而後起免喪事慈

夫人以養志爲本怡色婉容一出無違慈夫人嘗有

疾思薇菜時天涯氷凍公周求于山麓終未得焉忽

見後園向陽之地有蕨十莖萬長公採之以進時人

驚服戊寅慈夫人疾革臨終謂公曰吾今已矣汝勿

毀膚如前之為也命長孫鏡盡藏刀刃而卒公拚辟

呼哭氣絕復甦自初終至襄奉情文備至廬憂謹禮

一視前喪有客感其誠孝投詩盧下其詩曰舜後豈

無人五十永慕敦二鯉神有助十歲天借恩斷指猶

不忍割股復何言古所罕聞者放今見丁門子鍵懼

不勝密泣請權譬之道公終不聽服闋每當忌日前

期一朝不出門外躬執饌具雖滌拭之細不委婢僕

将事致哀如在袒括朝夕必拜廟出入又告歿身不

廢九篤於追遠已祧之位優置祭田以為歲祀之道

平居必雞鳴盥櫛肅莊危坐平心易氣俯讀仰思思

行狀

一

之未得雖竟日終夜期於有得絕無自畫之念日誦

大學論語手寫太極圖以玩索陰陽消長之理禮說

及性理之書悉類會抄錄常置案上以學爲樂不以

外物累其心非聖賢之書不讀也人勸之赴舉則笑

而不答請與出遊未嘗以事免有酒不嗜優有意會

處輒隨量而飲期在必醉浩歌長嘯以叙憤懣之懷

居家之規內外斬斬常處外室婢僕罕得晃面夫婦

之間亦不親昵莊以涖之禮以導之相敬如賓處兄

弟友愛尤篤同居一室不私資產嘗戒諸子曰汝等

恒存敬懼之心無或懈惰人有議己者幸勿相較言

人之惡比如含血噴人先汚其口以此爲戒也敎諸

女曰與曰徃之汝家恭順舅姑謹奉祭祀至然麻絲

紝紃同或不勤事君子遇婢妾必須敬愼財利之間

不較多小惟恐失兄弟懽心公氣宇嚴峻言語簡重

凡在諧謔一切默如儕友相戒曰一見丁浩然自然

有尊彼之心凡事主於寬弘未嘗以疾言遽色加之

不出一言人皆嚴憚而不卽戶庭而鄉鄰倚重每有

大事必諮訣放公公溪謀遠略有大過人者常不以

材智示人臨事發言有截然難犯之嚴而性又慈仁

見方巢之鳥雀方萌之草木則不忍毀傷曰此雖微

物自得生生之氣豈不可愛又以興起後學爲己任
教誘不倦隨材成就所與遊者一代名流如權石洲
鞸辛白麓應時姜睡隱沉李寒泉洪鍾九是莫逆雅
有山水之趣卜居龍山搆亭善養以調身病作見南
軒鳳詠亭鑒君子池舍人潭以寓山家之遺興刻銘
龍巖之鈞臺曰一片漁磯浩然天地傲宋文公武夷
九曲於所居山水各揭其名又追楊誠齋三三遷於
所行山路作九遷有詩曰三遷初開是蔣卿再開三
遷有淵明誠齋奄有三三遷九遷重開普養亭常慕
陶靖節之爲人次歸去來辭曰何歸辭以寓己志拈

出悅親戚之情話樂琴書而消憂之句大書於無絃

琴之腹上每四時佳節與士友唱酬詩文以道仁智

之樂状屢徜徉於九曲山水之間怳然有遺世之意

視世間屑仁於名利者則不啻若況聞順天府有玉

川溪徃見其泉石之美有卜居終老志而竟未果之

焉丙申十月痛症添劇自料未起謂諸子曰我死之

後無以錦帛歛只用常時所着深衣大帶是月二十

二日卒享年六十一十一月庚申葵于生谷先塋下

英宗二十一年乙丑五月移窆于龍山癸坐之原卽

善養亭舊址也前後夫人祔焉公遺稿十五卷失於

行狀

丙子亂詩賦日記略干卷藏于家配礪山宋氏萬戶

瑗女也嘉靖甲午生先公二十九年丁卯卒壹範淑

德配君子無違生二男長鏡無后次鍵直長後配興

陽柳氏部將奇孫女也嘉靖庚戌生後公六年壬寅

卒婦德亦備生二男一女長鈠次銳女適都事鄭敏

得鍵生一男四女濟元婿長高傅民次邊孝胤次吳

希有次鄭時和武生五男長義元次復元次孝元次

愼元次舜元鈗生四男二女長善元次道元次士元

次有元婿長李時發次姜適周曾玄以下不盡載錄

憶公天資近道百行俱備忠孝之行得之秉彝養送

大節無愧古孝子古所稱一鄉之善士獨非公歟最
是以遜土草布當島夷崩騰之日憤不顧身激義矣
死約同志為修城計隱然為一道倡其自獻國家之
丹忱炳節與殉義諸賢固無間然而幸城全而不死
耳當時殉節舉　寰屢與而獨公之烈烈偉蹟關而
不彰百世之下不能無慨恨而在公何有哉公中年
有貞疾勤工不能如少時而專用力發着裡卷心別
搆一亭扁曰普養改名曰希孟改字曰浩然凡人之
所希而楷範者必從性近處學得則抑巖巖氣像公
或似之而集義之養有所得旅已所獨知者耶不如

〈선양정 진사일기(善養亭辰巳日記)〉

丁希孟,《善養亭文集》권3 〈雜著·日記〉, 1875

여기서부터 영인본을 인쇄한 부분입니다. 이 부분부터 보시기 바랍니다.

역주자 신해진(申海鎭)

경북 의성 출생
고려대학교 국어국문학과 및 동대학원 석·박사과정 졸업(문학박사)
전남대학교 제23회 용봉학술상(2019)
현재 전남대학교 인문대학 국어국문학과 교수

저역서　『북천일록』(보고사, 2020)
　　　　『패일록』(보고사, 2020)
　　　　『토역일기』(보고사, 2020)
　　　　『후금 요양성 정탐서』(보고사, 2020)
　　　　『북행일기』(보고사, 2020)
　　　　『심행일기』(보고사, 2020)
　　　　『요해단충록 (1)~(8)』(보고사, 2019, 2020)
　　　　『무요부초건주이추왕고소략』(역락, 2018)
　　　　『건주기정도기』(보고사, 2017)
　　　　『심양왕환일기』(보고사, 2014)
　　　　『심양사행일기』(보고사, 2013)
　　　　이외 다수의 저역서와 논문

선양정 진사일기 善養亭 辰巳日記

2020년 11월 25일 초판 1쇄 펴냄
2020년 12월 10일 초판 2쇄 펴냄

지은이 정희맹
역주자 신해진
펴낸이 김흥국
펴낸곳 도서출판 보고사

책임편집 이경민
표지디자인 손정자

등록 1990년 12월 13일 제6-0429호
주소 경기도 파주시 회동길 337-15 보고사 2층
전화 031-955-9797(대표)
　　　02-922-5120~1(편집), 02-922-2246(영업)
팩스 02-922-6990
메일 kanapub3@naver.com/bogosabooks@naver.com
http://www.bogosabooks.co.kr

ISBN 979-11-6587-112-3　93910
ⓒ 신해진, 2020

정가 17,000원